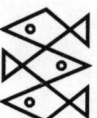

Mit einem harmlosen Satz fängt oft alles an: »Tu's doch mir zuliebe« – das hören ungezählte Frauen seit ihrer Kindheit. Er prägt das unbewußte Beziehungsmuster des weiblichen Gehorsams, die geheime Anpassung der Frau an die Eltern, den Partner, den Mann. Was bringt Frauen dazu, sich so total auf andere einzustellen und ihr eigenes, unverwechselbares Leben hintanzusetzen? Warum verzichten sie auf ihre ganz persönlichen Eigenheiten und Fähigkeiten, um einseitig Liebe zu geben und Beziehungsarbeit zu leisten? Warum ist die Mehrheit der Frauen bereit, den alten Liebesmustern entsprechend ihr Leben entfremdet einzurichten?

Irmgard Hülsemann fordert dazu auf, der Gewalt der magischen Zauberformel »Tu's doch mir zuliebe« zu entgehen, ihren Verführungen und Bedrohungen nicht nachzugehen. Sie regt dazu an, die Macht des Liebeszwangs zu brechen und Liebe nicht mit Gehorsam zu verwechseln. Sie macht bewußt, in welch empörendem, unvorstellbarem Ausmaß das Leben von Frauen durch die »Pflicht zu lieben« einseitig geprägt und verformt wird und daß dieser Zwang sie nicht nur zu Opfern, sondern auch zu Mittäterinnen macht: »Wenn Frauen wirklich eine Änderung wollen, müssen sie aus ihrem Dornröschenschlaf aufwachen, in das zerstörerische Geschehen eingreifen und darauf bestehen, daß Liebe geteilt wird.«

Irmgard Hülsemann, geboren 1946, Ausbildung als Kindergärtnerin und Sozialarbeiterin, Studium der Psychologie, arbeitet als feministische Psychotherapeutin in Berlin. Im Fischer Taschenbuch Verlag erschienen ihre Bücher ›Mit Lust und Eigensinn‹ (Band 11857) und ›Ich will fühlen, daß ich lebe‹ (Band 13152).

Unsere Adresse im Internet: www.fischer-tb.de

Irmgard Hülsemann

Ihm zuliebe?

Abschied
vom weiblichen Gehorsam

Fischer Taschenbuch Verlag

Die Frau in der Gesellschaft
Herausgegeben von Ingeborg Mues

5. Auflage: November 1999

Veröffentlicht im Fischer Taschenbuch Verlag GmbH,
Frankfurt am Main, Juni 1991

Lizenzausgabe mit freundlicher Genehmigung des
Kreuz Verlages, Stuttgart
© Dieter Breitsohl AG
Literarische Agentur Zürich 1988
Alle deutschen Rechte beim Kreuz Verlag Stuttgart
Druck und Bindung: Clausen & Bosse, Leck
Printed in Germany
ISBN 3-596-10407-6

Inhalt

Anstelle eines Vorworts: Ein Brief an Irmgard

WILFRIED WIECK

Liebe Irmgard,
Du schriebst mir am 2. Februar 1982: »Deine letzte Attacke gegen mich war am letzten Donnerstag. Seitdem ist von Deiner Seite noch kein Wort gekommen, daß es Dir leid tut. Im Gegenteil, Du singst und pfeifst und lebst Dein Leben und bist offenbar ganz zufrieden. Ich kann und will so nicht mehr leben. Es macht mich hohl und entfernt mich von mir selbst. Immer ist es so gewesen, daß, wenn es mir sehr schlechtging (aus welchen Gründen auch immer), von Deiner Seite weder echte Anteilnahme noch direkte Unterstützung kommt. Seit Monaten geht es immer um Deine Gefühle, Deine Wut, Deine Verletzungen, Deine Kränkungen etc. Als ob ich nicht auch Kraft für meine Arbeit und Verständnis für meine Schwierigkeiten brauchte. Alles hat immer um Dich zu kreisen, Du, Du, immer nur Du... Du hast wirklich viel Übung im Dich-lieben-Lassen, aber umgekehrt? Ich fühle mich zur Zeit jedenfalls nicht geliebt, sondern in die Enge getrieben und einsam. Im übrigen ist es ja auch nie genug, was ich an Liebe gebe. Du verhältst Dich mir gegenüber wie zu einem Feind, den man aus dem Weg räumen muß... Mein Leben steht auf dem Spiel, denn ich kann so nicht leben... Aber Dir ist ja die Wut näher als die Trauer und das Erleben von Schmerz.«

Ich habe damals diesen Brief nicht ernst genommen, auch nicht verstanden, ich fand ihn übertrieben. Heute nicht mehr. Inzwischen habe ich viel getrauert und den Schmerz kennengelernt, weil ich mich meinem Mannsein gestellt habe. Wir leben noch zusammen, und wir lieben uns, nach achtzehn Jahren, zwar nicht mehr so wie am ersten Tag, aber ehrlicher und realistischer. Das betrifft wohl vor allem mich, denn ich war unreifer als Du, ich ließ mich lieben, Du hast recht. Es hat tatsächlich Jahre gedauert, bis ich Dich verstand: Du wünschtest, daß ich bleiben soll, wenn Du hart und mitunter ungerecht wirst, weil Du auch bliebst, wenn ich so war. Es stimmt, ich muß lernen, anwesend zu bleiben, auch wenn Du mich einmal nicht liebst. Das fällt Männern schwer. Wir wollen nur die liebende Frau. Ich zitiere hier so offen, weil die Lektüre des Buches Deine Briefe zurückruft und weil ich meine, daß wir offen sein müssen, uns nicht verstecken dürfen, wenn wir überhaupt schreiben. Ich habe immer sehr darunter gelitten, wenn ich in eindrucksvollen, sogenannten wissenschaftlichen Büchern so wenig Persönliches fand, ich vermißte die Echtheit der Autoren, die Mitteilung ihrer Trauer. Hatten Sie keine Probleme? Ich schrumpfte, wenn ich Derartiges las, und möchte diese Tradition nicht fortsetzen.

Du hast Dich sehr darum bemüht, mir gegenüber ungehorsam sein zu können. Manchmal hast Du den Rollentausch, männlich-wehrhaft zu werden – als Frau –, für mein Empfinden etwas übertrieben. Du hast geschimpft, bist manchmal einfach verschwunden, Du warst nicht mehr lieb. Meine Entwicklung, sofern ich davon sprechen kann, ist Bestätigung dieses schmerzhaften Prozesses für uns beide. Aber diese Entwicklung zum Leben, zur Sanftmut, besonders zur Pflege Deiner Person fiel und fällt mir so schwer.

Am 30. August 1985 schriebst Du: »Die Jacke (die Du mir nicht gabst) habe ich mir einfach als Liebesbeweis gewünscht. Aber mir wird von Dir immer wieder Härte und Ähnliches vorgeworfen. Ich kann das nicht mehr ertragen. Meine Liebesfähigkeit geht dabei kaputt. Warum gestehst Du alle besonderen Wünsche immer nur Dir zu? Mir tut es weh, wenn ich daran denke, wie ich mich manchmal fühle und wie ich dann von Dir geschildert und gesehen werde. Es schmerzt mich wie als Kind, wenn meine Mutter lachend sagte: ›Dir macht das doch nichts aus, Du bist doch ein Dickhäuter‹ und ich innerlich erfror und gar nicht fassen konnte, was da geschah... Es hat Situationen gegeben, in denen ich Dich so dringend gebraucht hätte, Deine Fürsorge (die andere ganz selbstverständlich bekommen), Deine freundliche Unterstützung, Dein Einfach-zu-mir-stehen-und-mich-Trösten... Alles ist immer wichtiger als ich und meine Gefühle... Du signalisierst mir, daß mir das nicht

7

zusteht, weil ich so selbständig bin. Bemühung um Selbständigkeit wird also mit Liebensentzug bestraft oder mit Etikettierungen wie: Du bist zu männlich, hart... Für mich sind es bequeme Ausreden von Dir, mit mir unsanft umgehen und Dich verweigern zu können.«

Liebe Irmgard, so hart wirst Du vielleicht nicht sprechen müssen. Du siehst, wir entwickeln uns. Ich spreche von mir: Ich lerne manches sehr langsam. Deine Briefe sind klar und eindeutig, aber ich habe so unendlich mühsam verstanden. Ich falle immer wieder in alle Abwehrstrategien zurück. Am 9. Dezember 1987 schriebst Du: »Deinem Brief entnehme ich, daß Du nicht annähernd ahnst, wie gekränkt und verletzt ich durch den Ablauf des letzten Tages bin. Ich habe mich total in mich zurückgezogen, fühle mich wieder einmal einsam und verzweifelt. Anfangs hatte ich nach wenigen Tagen auch Sehnsucht, die ich aber niedergekämpft habe, weil es gegen meine Selbstachtung geht, zu selten in kritischen Situationen die gleiche Fürsorge von Deiner Seite zu spüren, Bemühung und Sorge um mich und mein Befinden, wie Du es in den vielen Jahren so oft erlebt hast, und zwar zumeist, wenn Du es wirklich brauchtest... Ganz offensichtlich hast Du doch diese Situation vor Deiner Abreise so arrangiert, weil Du Abstand haben wolltest. Das ist Dir gut gelungen. Nur mußt Du mir nicht irgendwelche Distanzabsichten unterstellen, die überhaupt nicht in meinem Gefühl waren.«

Diese Auswahl von Zitaten ist überhaupt nicht repräsentativ; Du hast mir wesentlich mehr erfreute Briefe geschrieben. Aber diese Briefe sind vorhanden, und ich erwähne sie, weil ich mich weiterhin ernsthaft damit auseinandersetzen möchte. Ich erwähne sie deshalb, weil ich ein Gegenüber brauche, eine ungehorsame Frau, und weil ich meine, daß ich keinen Hehl aus der Zumutung machen muß, die mir aus der Partnerschaft mit Dir erwächst. Du warst also keineswegs immer gehorsam. Und doch schreibst Du dieses Buch und hast es oft so empfunden: vieles nur mir zuliebe und nicht Dir zuliebe getan und gelassen zu haben. Darum geht es jetzt.

Du hast mich gebeten, zu Deinem Buch ein Vorwort zu schreiben. An diese Aufgabe bin ich erfreut herangegangen, weil ich etwas für Dich tun kann und mich ernst genommen fühle. In diesem Zusammenhang kann ich nicht umhin, etwas über meine Schwierigkeiten zu lieben zu sagen. Wenn ich das nieder-schreibe, fühle ich mich nicht mehr so wohl, Unmut überfällt mich und Lethargie, ein Gefühl der Überforderung. Ist es wirklich sinnvoll, daß ich so darauf eingehe? Es fällt mir sehr schwer. Aber ich möchte nicht beschönigen. Beim Lesen Deines Buches überkam mich auch wieder Trauer und ein verzagtes Gefühl. Werden wir es je besser hinkriegen?

Ich denke darüber nach, was zu Deinen Ausführungen von mir, einem Mann, zu sagen wäre, und schwanke zwischen Mitgefühl mit Frauen und einer gewissen Empörung über deren resignierte Zustimmung zu männlichen Übergriffen hin und her. Da ist der Vorsatz, in Zukunft noch wachsamer zu sein, und das Gefühl, die Schuld für die Misere nicht allein auf mich nehmen zu dürfen.

Ich fühle mich unsicher. In Deinem Buch vermisse ich die Berücksichtigung der Gefühle des Sohnes, die Mutter retten zu müssen, weil der Vater sie im Stich gelassen hat. Seine Flucht vor ihrer Depression und ihren Übergriffen. Wenn sie uns Söhne mit ihrer Not belasten, wenn sie weint und uns erzählt, was der Vater ihr antut, wie er sie schlägt, entwertet, verachtet und betrügt. Aber Du hast Dein Anliegen, schreibst über Deine Gefühle, über meine muß ich selbst berichten.

Die Partnerinnenwahl der Männer geschieht eben nicht nur nach Maßstäben der Attraktivität, der Erotik, der körperlichen Berührung, der Wärme, Zärtlichkeit und Verschmelzung, sie erfolgt auch nach anderen Kriterien, dem Wunsch, dieser Frau Glück zu bringen, sie zu erlösen, zu befriedigen und zu befrieden. Diese Möglichkeit suchen wir auch, unbewußt vielleicht, aber wir vermögen es oft nicht. Wir lösen diese fatale Aufgabe nicht, die Mutter uns mit auf den Lebensweg gab. Bei unseren Versuchen versagen wir meist kläglich und müssen wieder fliehen, unglücklich und voller Schuldgefühle, genau wie früher. Die Versuchung, schnell zu verdrängen, ist groß. Am besten nichts damit zu tun haben wollen, mit diesem Leid der Frau in dieser gräßlichen, patriarchalischen Kultur.

Es ist nicht Deine Aufgabe, für mich zu sorgen. Aber Du wirst es wahrscheinlich wieder tun. Ich werde wieder versäumen, für Dich zu sorgen. Ich lebe vielleicht noch nicht so, daß Du darauf verzichten könntest, ich riskiere zu viel Gefährliches, Männliches, Krankmachendes. Aber ich sage es Dir jetzt und möchte damit ernst genommen werden: Es ist nicht Deine Aufgabe, für mich zu sorgen. Ich möchte mir die Chance einräumen, mit Hilfe anderer Männer von weiblicher Unterstützung, auch von Deiner, unabhängiger zu werden. Ich will es wirklich, weil ich leben und bei Vernunft bleiben will. Was ich hier sage, ist mir besonders wichtig.

Meine Aufgabe ist, für mich sorgen zu lernen, und dazu brauche ich Dich als Gegenüber, eine Frau, die auch ungehorsam sein und sich verweigern kann. Wenn ich lerne, für mich selbst zu sorgen, dann werde ich Dich mit einem liebevollen Blick im Auge haben und auf Dein Wohlergehen achten könnten. Wenn ich weiterhin verwöhnt werde, gelingt mir das nicht.

Du hast dieses Buch, nach ein bis zwei Jahren Vorarbeit, in zwei Monaten geschrieben. Ich weiß nicht, ob ich diese Kraft gehabt hätte, aber das ist nicht das Entscheidende. Zwei Umstände bewegen mich mehr. Du sagtest mir, daß Du jetzt, nach dem Erscheinen meines Buches »Männer lassen lieben« im September 1987, zum ersten Mal das Gefühl hättest, nun ganz unbeschwert an Deine eigene Arbeit gehen zu können, Du wissest mich jetzt gut »versorgt«, mit Resonanz, Anerkennung auf Lesungen und Vorträgen und mit der allzu seltenen Ausgefülltheit und Zufriedenheit mit meinem männlichen Leben. Du sorgst Dich um mich, und ich lasse mich umsorgen. Männer lassen lieben. Sie leugnen das. Wenn wir füreinander sorgen wollen, dann muß das eine gegenseitige Sorge werden. Solange ich unzureichend für Dich sorge, so lange kannst auch Du nicht frei und unbeschwert für mich sorgen. Meine Aufgabe ist also, für Dich sorgen zu lernen. Deine Aufgabe beschreibst Du in deinem Buch.

In diesen zwei Monaten, in denen Du am Buch gearbeitet hast, habe ich mich mitunter unruhiger und trauriger gefühlt als vorher. Nicht weil Du schriebst und ich oft herumreiste, sondern weil Deine ständige Sorge mir fehlte. Scheinbar hatte ich Entzugserscheinungen. Du fragtest wenig nach mir, kamst seltener auf mich zu, Du arrangiertest keine Verabredungen mit Freunden, keine Einladungen, keine Spaziergänge usw. Du warst einfach nicht so viel um mich wie sonst. Ich mußte allein für mich sorgen. Ich tat das auch, nicht übertrieben hilflos, keineswegs einsam, aber doch unruhiger und oft etwas gedrückt. Männer lassen lieben, und wenn die Liebe weniger wird, weil die Frau etwas für sich tut, dann passiert es, daß sie unruhig und depressiv werden. Dann zeigt sich ihre Kraftlosigkeit und Abhängigkeit. Aber ich habe die Möglichkeit, zu lernen, mir selbst zu helfen, während Du Deine Wege gehst, Deine Arbeit machst, Deine Bedürfnisse befriedigst. Und wenn ich lerne, mir selber zu helfen, fühle ich mich nach einiger Zeit kräftiger und freier.

Frauen können nicht »zu sehr« lieben, wie es im Titel von ROBIN NORWOODS Buch so falsch zum Ausdruck gebracht wurde. Zu denken, eine Frau liebt einen Mann zu sehr, das halte ich für einen Irrtum. Es fehlt nicht nur, daß es dieser Frau gutgeht damit, sondern auch die Konsequenz dem Mann gegenüber. Opfer ist keine Liebe.

Wenn ich Konsequenz von der Frau fordere, dann verstehen manche Frauen das falsch, tendenziös, sie wollen den Mann nicht noch mehr lieben. Wir kennen die Frauen, die so werden wollen wie der Mann, offenbar, um es ihm heimzuzahlen. Diese Rechnung kann nicht aufgehen.

Ich möchte von niemandem festgehalten werden, aber ich bin nicht so stark, ich reiße mich auch nicht los. Ich möchte, daß Du mir die Distanz ermöglichst, die ich brauche: Darin liegt meine Inkonsequenz und meine fehlende Menschenkenntnis, denn Du gehst mit Distanzlosigkeit besser um, Du kannst Dir schon besser Deine Freiräume erobern als ich, weil Du selbständiger bist. Ich verwechsle Freiheit nicht mit Seitensprüngen, aber ich weiß, daß ich mir Freiheit erobern muß wie Du, sie wird uns nicht geschenkt werden. Wir sind nicht immer einer Meinung, wenn wir uns der lieblosen Wirklichkeit stellen, und wir müssen es nicht immer sein. Es genügt, wenn wir uns zuhören. Auch Eindrücke, die Du mir vermittelt hast, ohne daß ich sie akzep-

tierte, haben in mir weitergewirkt und gearbeitet. Viele Erkennt-
nisse habe ich lange nach Dir gehabt, also offenbar von Dir
gelernt. Aber das geschah oft sehr langsam, nach Jahren, wie ich
schon sagte. Und ich danke Dir dafür, daß Du Dir dennoch
etwas von mir sagen läßt und nicht nur abwehrst, ohne es
gründlich zur Kenntnis zu nehmen, wie manche Frauen es heute
tun. »Ich will keinem Mann mehr helfen«, sagen sie und belügen
sich damit selbst, denn sie helfen doch, wenn es darauf an-
kommt, nur eben nicht richtig.

Du schreibst, der innere Raum der Frau sei damit ausgefüllt,
für ihn richtig sein zu müssen, er nehme alles in Beschlag. Ich
habe nicht das Gefühl gehabt, Dein Innenleben völlig in Beschlag zu nehmen. Aber ich denke, daß Du es Dir mitunter auch
so eingerichtet hast, und ich habe mitgespielt. Ich habe sicher
auch viel »Unterstützung« bekommen, die ich nicht brauchte,
und das war dann keine Hilfe oder Liebe, das war Verwöhnung,
Bequemlichkeit und Festhalten. Wärest Du freier vom Ich-Ideal
des Mich-Umsorgens, dann würdest Du manches, was nicht
erbeten ist, nicht geben und Deine Angelegenheiten besorgen.
Dann könnte ich auf Dich zugehen. Meine Erfahrung ist, daß ich
mich spüre, wenn Du mich forderst, belastest, daß ich dann
beginne, mich ernst zu nehmen und meine Dinge anzupacken.
Darum will ich nicht geschont werden, nicht besorgt und nicht
bedrängt mit dieser Sorge. Es tut mir am besten, wenn Du
Deinen Weg gehst, ohne auf mich zu schauen, ob ich nun hinter
oder vor Dir gehe.

Aber erst einmal muß die Frau uns die Augen öffnen, und das
tut Dein Buch. Du schreibst, daß der in Fragen des Lebens
inkompetente Mann schweigen muß, wenn es um Frauen geht.
Ich weiß nicht. In vielem noch inkompetent, möchte ich doch
sagen, was mir guttut, wenn ich einen Zipfel an Erkenntnis habe,
sagen, was ich mir von einer konsequenten Frau wünsche. Daß
ich ein Gegenüber möchte, welches meinen phasenweisen
Schwachsinn nicht unterstützt. Ich wünsche es mir – das wird
doch wohl erlaubt sein –, daß ich meine wenigen verbleibenden
Gesundungschancen ernst nehme. Darum sehe ich es auch
anders als Du: Im Ungehorsam steckt etwas Trennendes, so

schreibst Du. Es liegt aber auch etwas Verbindendes darin. Selbständigere und unabhängigere Frauen sind stärker, sie trennen sich, sie vermögen sich aber auch wieder zu nähern, wenn sie möchten.

Du schreibst an einer Stelle des Buches, daß ich mich, nachdem wir sechzehn Jahre zusammen waren, zum ersten Mal ernsthaft in eine andere verliebte und Du dies als Sabotage Deiner Arbeit und später als meine Flucht vor meiner Aufgabe interpretierst. Ein Aspekt aber war sicher auch, daß ich Distanz zu Dir herstellen wollte. Womöglich brauche ich davon mehr als Du. Frauen wollen Nähe, und Männer können nicht soviel geben, wie Frauen wollen. Die Nähe zur Mutter ist mir zur Distanzlosigkeit und zum Gefängnis entartet, darum brauche ich Abstand. Es bleibt immer eine Distanz: Du leidest manchmal darunter, aber ich kann nicht ganz darauf verzichten. Du empfindest mich dann als fern, als distanziert.

Es geht mir nicht schlecht, wenn Du Dich distanzierst, ich komme »zu mir«. Nach einer Weile entwickle ich das Bedürfnis nach Nähe zu Dir. Ich will mich auch sehnen können nach Dir. Sehnen ist eine produktive Kraft, die Distanz herstellt, aber auch Nähe schafft. Ohne Sehnen nach der Liebespartnerin verkümmert der Mann, er wendet sich gefährlichen Abenteuern zu, geht auf Abwege (Drogen, Gewalt, Pornographie, andere Frauen). Sehnen bedeutet Hoffnung auf Nähe. Ohne Sehnen leben wir Distanzlosigkeit.

Ich möchte keine Liebesexpertin in Sachen Nähe, ich will selber Nähe herstellen dürfen. Ich will nicht, daß Du immer schon da bist. Ich kann Nähe herstellen, auch ohne den Wunsch nach Sexualität, und ich frage nach, weil ich gerne mit Dir spreche. Und wenn ich mir also eine gewisse Distanz wünsche, dann meine ich keine absolute Distanz. Ich bitte, das nicht mißzuverstehen. Manche Frauen treten, wenn der Mann so spricht, den totalen Rückzug an. Partiell verlassen können sie ihn nicht.

Daß Du Mühe hast, mich ab und zu zu verlassen, dafür kann ich nicht.

Es stimmt, daß ich oft noch nicht sensibel genug für Deine

Bedürfnisse bin, aber bist Du es? Wie steht es mit Deiner Bedürfniswahrnehmung? In einer relativen, ab und zu möglichen und flexiblen Ferne verstehe ich mich besser, auch Dich und unsere Beziehung, und in dieser Ferne ahne ich das Glück, im Sehnen.

Das bedeutet nicht, daß ich Dir nur nahe sein möchte, wenn ich mich sehne, selbstverständlich auch dann, wenn Du mich brauchst, wenn es Dir schlechtgeht, wenn Dir kalt ist. Dann will ich Dich trösten und wärmen und mit Dir sprechen, Dich berühren. Dazu wünsche ich mir, daß Du mir sagst, wenn Du mich brauchst, und nicht immer so tust, als gehe es auch ohne mich. Ich brauche manchmal Anstöße, Deine Forderungen und Deine Verweigerungen, aber Du brauchst diese doch noch mehr als ich. Das sind doch keine weitergehenden Verwöhnungswünsche von mir. Das sind heilsame Folgen für mich, wenn Du für Dich schaust und Deinen Weg gehst, wenn Du für Dich sorgst und nicht immer nur für mich.

Ja, Du hast vieles »mir zuliebe« getan, manches auch, worum ich nicht gebeten hatte, sogar einiges, was ich ausdrücklich nicht wollte. War das also mir zuliebe? »Tu's mir zuliebe« – das waren meine Worte nie, aber Du hast sie dennoch gefühlt, denn ich war auch zu stolz und zu unsensibel, um Hilfeangebote auszusprechen. Mit meiner Hilflosigkeit und Schwäche weißt Du besser umzugehen als ich. Du hast in Konfliktfällen auch gedolmetscht für mich. Du hast mich besänftigt, wenn ich mich über Menschen ärgerte, statt den Streit mit ihnen zu suchen. Du hast mich beruhigt. Mir zuliebe? Ich glaube nicht, daß das immer so gut für mich war. Nach Jahren hast Du oft den gleichen Streit mit den gleichen Menschen gehabt. Dann war er angebracht, so schien es. Vorher nicht? Aber Du hattest auch recht, ich habe mich zu oft geärgert, ich bekam zu häufig Streit, beschwor zu oft Konflikte herauf. Ich war immer der, der störte. Du warst die, die wieder einrenkte. Das hatte aber auch sein Gutes: In den ersten Jahren habe ich immer die Initiative ergriffen durch Offenheit, Konsequenz und Unbequemsein.

Heute muß ich immer noch von Dir lernen. Ich mußte erst einmal lernen, daß es mir nicht gutgeht. 46 Jahre meines Lebens lebte ich in vielen Illusionen über mich, und Du hast mitgeholfen, sie am Leben zu erhalten. Dafür danke ich Dir einerseits. Und andererseits? Die Krisen brachen über den verwöhnten, selbstvergessenen Mann dann um so heftiger herein. Erwachsenwerden? Ja, es bleibt mir leider nicht erspart; lieber wäre ich das Kind geblieben. Für mich selbst sorgen zu lernen, Hilfe zu holen? Es wird unumgänglich. Du kannst mir helfen, indem Du nicht so viel hilfst. Lieben, Dich lieben, Deinen Weg gehen, nicht meinen. Das ist kein erneutes Versorgtwerdenwollen.

Ich will von Frauen keine Hilfe, keine Sorge, keine Liebe mehr. Nicht diese! Nicht die, die die Frau mir hinterher zum Vorwurf macht. Das, was ich Deiner Meinung nach lernen muß, das will ich selbst beurteilen lernen, so formulieren, wie ich es verstehe, aussprechen, damit ich mit anderen Männern darüber ins Gespräch komme. Wir haben viel zuwenig Resonanz.

Wenn sich alles um mich dreht, wenn ich mich selbst vergesse, wenn Du dich um mich drehst, dann geht es mir schlechter. Ich muß aber auch lernen, mich zu vergessen. Seit der Beschäftigung mit meinem Mannsein bin ich in zwei Krisen geraten. Die Trennung von Menschen und die Überarbeitung bringt mich immer wieder in Konflikte. Ich übernehme für meine Stimmungen noch nicht konsequent genug die Verantwortung, warte ab, was passiert. Manchmal ist das der erste Schritt zur Besserung. Alles in Deinem Buch über Frauen betrifft auch mich. Ich möchte lernen, mir und dann Dir, auch anderen, gute Stimmung zu machen, zu sprechen usw. Bisweilen spüre ich dagegen in mir einen Widerstand, es wird mir zu anstrengend, ich werde müde. Dann frage ich mich zum wiederholten Male, quasi wider besseres Wissen: »Wie soll ich auf Deine Bedürfnisse eingehen, wenn Du sie mir nicht sagst?« Du sagst sie mir aber, Du schreibst auch Briefe, wenn es not tut. Ich kann mich nicht herausreden, ich muß mich ändern. Ich könnte auch anders. Am besten helfe ich Dir, wenn ich mir selbst helfe. Wenn es mir gutgeht, dann ist Platz in mir für Dich. Darf es mir noch schlechtgehen? Damit Du Deinen Weg gehen kannst? Kann nur einer von uns produktiv sein? Ich glaube nicht. Nach meinem Erfolg als Autor konntest Du für Dich arbeiten. Ist das nur meine Schuld? Auch wir

Männer werden nicht als Männer geboren, wir werden dazu gemacht. Und nun müssen wir uns zu Menschen machen, uns verändern.

Mein Leben, meine Zukunft und wie Du Dich mit mir fühlst, werden beweisen müssen, ob mir das alles ernst war. Du wirst es prüfen und Dich entziehen, Dich retten, und vielleicht wirst Du dich wieder nähern. Das bleibt unsere Aufgabe, Deine wie meine: Ich werden, die anderen lassen, sie werden lassen und sie nicht behindern: Freilassen!

Tu nichts mehr mir zuliebe! Ich weiß noch nicht, was statt dessen geschieht. Ich werde dir zuhören und hoffe, mich Dir zu nähern, wie ich es kann. Ich werde Fehler machen und hoffe, daß Du sie mir nicht durchgehen läßt. Ich habe manchmal auch deswegen Angst, und gerade in dieser Angst liegt Hoffnung.

Dein Wilfried

I. Kapitel

Es fängt
ganz harmlos an...

Mit einem harmlosen Satz fing alles an. »Tu's doch mir zuliebe« ist das Erbe meiner Kindheit. Einer weiblichen Kindheit. Der Satz stammt von meiner Mutter. Ich brauchte viele Jahre, um den Zwang und die Gewalt dieser magischen Zauberformel zu entlarven. Um den Verführungen und Bedrohungen zu entgehen, lernte ich mühsam Widerworte und Eigensätze bilden, die mir halfen, die Macht des Liebeszwanges zu brechen.

Aber erst in den letzten zwei Jahren ist mir bewußt geworden, in welch empörendem, unvorstellbarem Ausmaß das Leben von Frauen durch die »Pflicht zu lieben« einseitig geprägt und verformt wird und daß dieser Zwang sie nicht nur zu Opfern, sondern auch zu Mittäterinnen macht: in einem Geschehen, welches weit über die privaten Liebeskatastrophen des Alltags hinausreicht. Meine Mutter tat nur ihre Pflicht, indem sie ihr kleines Mädchen zu einer *richtigen*, das heißt *liebesfähigen Frau* erziehen wollte. Weder ihr noch mir war bewußt, daß unser gemeinsames Liebesspiel, ihre Anforderungen an mich, aus Liebe gehorsam zu sein, nur die Vorübung für den Ernstfall war.

In der Beziehung zu ihr enthielt ich sozusagen die Grundausbildung für mein späteres Liebesexpertinnentum (wobei selbstverständlich nicht die Entfaltung sexueller und erotischer Möglichkeiten, sondern ganz andere Qualitäten angesprochen wurden). Während ich lernte, diesem Lockruf »Tu's mir zuliebe« zu gehorchen, und ich wehrlos weichgestimmt an unsichtbaren Fäden hin und her gezogen wurde, ahnte ich nicht, daß die Einübung darin, alles Eigensein in mir wegzufegen, um fremden Wünschen Platz zu schaffen, später einmal *ihm*, dem Mann, dem Männlichen überhaupt gelten sollte.

Damals hatte ich keine Wahl, das mütterliche Erbe abzulehnen. Meine Liebe war kein »Kind der Freiheit«, sondern Ausdruck meiner Abhängigkeit und des Angewiesenseins auf diese so machtvolle und wichtige Person, die mich in das Leben einführte. Ein Kind kann nur lieben, oder es stirbt auf irgendeine Weise, und da ich leben wollte, spielten wir das Spiel. »Ich bin das Kind von Mama«, antwortete ich mit vier Jahren auf die Frage einer Verkäuferin, die wissen wollte, was für eine kleine Person da allein einkaufen kam. In dieser innigen Verbundenheit lernte ich, wie unzählige andere kleine Mädchen, daß es ganz selbstverständlich schien, *Teil einer anderen Person zu sein.* Ich war eine gelehrige Schülerin und hatte tausendfach Gelegenheiten, mich in den »Pflichtfächern der Liebe zu üben«, entwickelte ein seismographisches Gespür für unausgesprochene Gefühle und Bedürfnisse, griff in der Luft liegende sprachlose Erwartungen auf, sammelte einen reichen Schatz an einfühlsamen Redewendungen und Fragen, lernte in Gesichtern zu lesen, Stimmungen zu interpretieren, und übte mich im Aussparen von Anstößigem. Ich war glücklich darüber, Freude bereiten und dunkle Mienen aufhellen zu können, und entwickelte viel Phantasie bei dieser Tätigkeit. Der Mutter schien das zu gefallen und anderen Erwachsenen auch, den Frauen im Kindergarten, der Lehrerin in der Schule, dem Pfarrer und dem lieben Gott und der großen Schar erwachsener Menschen in meinem Umfeld. Einzig meinen Vater kann ich in diesen Chor der »Tu's-uns-zuliebe-Stimmen« nicht einreihen. Von ihm hörte ich niemals einen solchen Satz. Er freute sich an mir, so wie ich war. Seine Zuneigung war unabhängig von Leistungen und Zensuren. Obwohl die Mutter immer um mich war, gab vor allem er mir in der Kindheit ein Gefühl absoluter Geborgenheit und Sicherheit. Bereits sein Anblick erfüllte mich mit heißer Freude und einem stürmischen Glück. Er starb mit 54 Jahren viel zu früh, aber seine liebevollen und humorvollen Ermutigungen leben noch heute in mir.

Lange Zeit war es für mich verlockend, die Wünsche anderer zu erfüllen und mich im Glanz des gehorsamen kleinen Mädchens zu sonnen. In der Beziehung zur Mutter führte diese Haltung dazu, daß ich ihre Bitten schon erahnte, bevor sie ausgesprochen waren. So als ob ich selbst wollte, während mir wortlos vermittelt wurde, *was ich wollen sollte.*

Trotzdem gab es auch schon in den frühen Kindheitsjahren Situationen, in denen die Anforderung, »aufs Wort gehorchen zu müssen«, um der Mutter meine Liebe zu beweisen, von einem tiefen Widerwillen und einem inneren Aufbäumen begleitet war. Auf Widerworte und Eigensinn reagierte meine Mutter allergisch. Auf sie war grenzenlos Verlaß, solange ich gehorsam und »ihr Mädchen« war. Dann konnte sie zärtlich trösten und mir bei meinen kindlichen Ängsten hilfreich zur Seite stehen. Mit Hilflosigkeit und Schwäche verstand sie einfühlsam umzugehen, respektierte diese Gefühle und nahm sie ernst. Der Kampf begann, wenn ich anders wollte, anders fühlte und anders dachte, als es in ihr mütterliches Konzept paßte.

Je älter ich wurde, desto mehr wurde das Band unserer Verbundenheit durch mein Eigensein- und Andersseinwollen gefährlich strapaziert. Ihr »Tu's mir zuliebe« tönte weniger schmeichelnd und bittend, sondern zunehmend anklagend und erpresserisch. Das Produkt ihrer Erziehung glitt ihr aus den Händen und zerrte ungeduldig an dieser Kette aus Liebe-Gehorsam und Verbundenheit. Mit neun Jahren wußte ich, daß ich ein anderes Leben als meine Mutter und die Frauen im Dorf führen wollte.

Die Klarheit meines Wunsches verdanke ich ihr. Denn bei der Prozedur der Weiblichkeitserziehung unterliefen ihr Brüche und Widersprüche, für die ich ihr noch heute danke. Ihr Unbewußtes und die nicht verdrängten, eigenen, ungelebten Wünsche halfen mir, daß das Korsett, das sie sich als gute Mutter verpflichtet fühlte mir anzulegen, nicht jede Luft zum Atmen nahm und noch Spielraum ließ für eigentlich *unerlaubte Bewegungen*.

Sie ließ ihre Trauer und heimliche Wut darüber, daß sie trotz glänzender Zeugnisse nicht den Wunsch, Kinderärztin zu werden, verwirklichen durfte, weil mit zwölf Geschwistern in der Familie das Geld für ein Studium fehlte, nicht zur Behinderung für mich werden. Im Zusammenhang mit mir war niemals von Heirat und Kinderkriegen die Rede, statt dessen wurde vom Vater und ihr eindringlich die Notwendigkeit einer guten Ausbildung beschworen, die mir nicht nur finanzielle Unabhängigkeit, sondern auch Freude und Selbstbestätigung ermöglichen würde. So empfand ich ihren Satz »Aus dir wird nie eine Hausfrau« überhaupt nicht als Vorwurf, sondern eher wie eine günstige Prophezeiung.

Interessanterweise enthielt der von den Eltern entwickelte Lebensentwurf zumindest *bewußt* keinerlei Hinweise auf eine spätere Verbindung mit einem Mann. In mir entstand ganz selbstverständlich die Zuversicht auf einen eigenen Weg, und lange Zeit war es für mich schwer einfühlbar, wenn Freundinnen in partnerlosen Zeiten darüber klagten, daß sie sich »allein so unvollständig und halb« fühlten.

Als Kind war ich auf meinen zwei Jahre älteren Bruder mitunter sehr eifersüchtig, weil ich spürte, daß zwischen ihm und meiner Mutter eine besondere Art von Verbindung bestand, die ich nicht durchschaute. Ich fühlte deutlich, daß Mutters Beteuerung, daß sie uns beide *gleich liebe*, nicht stimmte, brachte dies auch einige Male heftig zum Ausdruck, ohne an der Tatsache selbst etwas ändern zu können. Intuitiv merkte ich, daß ihre Aufmerksamkeit für ihn größer und die Erwartungen an seine Entwicklung anders waren als an mich. Ich tröstete mich damit, daß ich offenbar im Herzen meines Vaters einen sicheren Platz hatte. Mein Bruder, ein sehr sensibler und eher schüchterner Junge, der lange mein vertrauter Spielgefährte war, liebte meine Mutter sehr und litt gleichzeitig unter der intensiven Nähe, die ihm die Ablösung ungeheuer erschwerte. Ihm fehlte der Kontakt zu meinem vielbeschäftigten Vater, der eine Art unerreichbares Vorbild blieb.

Während mein Bruder mit zunehmendem Alter unter dem Druck der auf ihn gerichteten Erwartungen immer »schwieriger« und unzugänglicher wurde, lief ich in meiner Entwicklung ziemlich frei und unbekümmert »nebenher«. Mit einer nicht unwesentlichen Ausnahme: In Konfliktfällen zwischen Mutter und Sohn war mir unausgesprochen die Aufgabe zugewachsen, zu dolmetschen und zu vermitteln. Eine heikle Tätigkeit, bei der ich mir ein breites Spektrum an Verständigungsstrategien aneignen mußte, die ganz offensichtlich hervorragend in das Programm des Liebenlernens zu integrieren waren.

Darüber hinaus mußte ich hinnehmen, daß bei geglückten Friedensschlüssen zwischen beiden eine Nähe entstand, von der ich auf kränkende und schmerzliche Weise ausgeschlossen war und die die Eifersucht aufs neue entfachte. Sobald ich »meine Aufgabe« erledigt hatte, kam ich mir in Gegenwart der beiden wie eine Unperson vor. Die Gehorsamerziehung, die mein Bruder als Junge und ich als Mädchen erlebte, hatte nicht das gleiche Ziel. Ihn verpflichtete sein Gehorsam nicht in erster Linie auf zwischenmenschliche Beziehungen, sondern auf abstrakte Ideale und Leistungen, mich auf die Fähigkeit zu lieben. Aus den braven Kindern, die wir beide waren, sollten ein »richtiger Mann« und eine »richtige Frau« werden. Mein Bruder versuchte vergeblich, sich offensiv gegen diesen Dressurakt zu wehren, bei mir war der Prozeß immerhin so gut gelungen, daß ich das Liebsein vorzog und für Benachteiligungen kein wirklich kritisches Bewußtsein mehr aufbrachte. Diese mangelnde Empfindung für geschlechtliche Diskriminierung führte dazu, daß ich erst sehr spät ein Interesse an den Inhalten der feministischen Bewegung entwickelte.

Als ich mit fünfzehn Jahren die Enge des kleinen Dorfes am Niederrhein verließ, um in Münster mit verschiedenen Ausbildungen (zunächst Kindergärtnerin und später Sozialarbeiterin) zu beginnen, dachte ich ernsthaft, daß nun die Zeit des Gehorsams und des »Tu's mir zuliebe« endgültig vorbei sei. Ich empfand eine Art Glücksrausch bei dem Gedanken, von nun an selbst wählen und entscheiden zu können. Nichts schien mehr festgelegt, alles war offen. Nun würde ich nicht mehr an langweiligen Sonntagnachmittagen mit aufgestützten Armen im Fenster liegen und den Autos und Flugzeugen sehnsuchtsvoll nachblicken, sondern selber reisen. Jahrelang hatte ich meine Vorstellungen vom Leben und der Welt durch die Lektüre von Büchern aller Art mit farbigen Bildern genährt und hatte mir die klangvollen, unaussprechlichen Namen ferner Länder und Städte wie exotische Speisen auf der Zunge zergehen lassen.

Jetzt brannte ich darauf, die ersten eigenen Schritte zu einem interessanten, abwechslungsreichen Leben zu tun, und es war eine unschätzbare Hilfe, daß das Zutrauen meiner Eltern und ihre guten Wünsche mich begleiteten. Hinter meiner anerzogenen Bravheit schlummerte eine gehörige Portion Abenteuerlust, und ich war durchaus bereit, mich in unbekannte Situationen zu stürzen, den Reiz alles Fremdartigen zu genießen, und wild entschlossen, wundervolle Geschichten zu erleben. (Damals begann ich mir den Spaß zu gönnen, absichtlich in die falschen Züge zu steigen.) Es war ein prickelndes Gefühl, noch nicht zu wissen, wie mein Weg aussehen und in welche Richtung er führen würde. Wirklich ausgeprägt war der Wunsch und die Bereitschaft, mich für etwas Sinnvolles einzusetzen. Wie und wo, das war mir unklar, und selbst während der Ausbildungen fühlte ich mich nicht festgelegt, sondern mehr in einem »Durchgangsstadium«. Ich lernte mit Provisorien zu leben, und noch heute bin ich nicht sicher, wo ich in einigen Jahren einmal »landen« werde.

Bei den Phantasiereisen in meine Zukunft spielten Männer eine wesentliche, wenn auch nicht dominierende Rolle. Ich stellte mir keine Ehemänner vor, sondern zärtliche, humorvolle Liebhaber, verläßliche Freunde, interessante Gefährten, mit denen ich schöne Erlebnisse teilen und die mir Anregung und Spaß bringen würden. Ich hatte eine absolut romantisch verklärte Vorstellung von der Liebe zwischen Mann und Frau und malte mir schon früh, trotz Unaufgeklärtheit in sexueller Hinsicht, leidenschaftliche Gefühle und köstliche Berührungen aus. Die Weiblichkeitserziehung hatte ein gutes Resultat erzielt, denn neben allen anderen Wertvorstellungen, die ich von zu Hause mitnahm, war in mir so ganz nebenbei die Gewißheit entstanden, daß im Grunde Liebe das Größte und Bedeutungsvollste ist. Und so trat ich das Erbe meiner Mutter an, ohne daß ich es wußte.

Mit 23 Jahren verliebte ich mich stürmisch und *total*. Nachdem Wilfried und ich uns vierzehn Tage »kannten«, zog ich zu ihm. Aus den vierzehn Tagen sind inzwischen mehr als achtzehn Jahre geworden. Bis zu diesem Zeitpunkt standen für mich Lernen und Ausbildung im Mittelpunkt meines Lebens. Es hatte zwar immer wieder angenehme Flirts gegeben und auch einige längerdauernde erotisch-freundschaftliche Kontakte zu Männern, aber bis auf zwei Ausnahmen ließ ich mich auf keine intensiveren Liebesbeziehungen ein. Ich war neugierig und an Abwechslung interessiert und verspürte keinerlei Bedürfnis nach einer festen Bindung zu einem Mann.

Der erste Dialog zwischen Wilfried und mir verlief etwa so: Er: »Hast du eigentlich einen Partner?« Ich gedanklich: »Was ist denn das für einer? Was stellt der bloß für komische Fragen?

Partner?« Ich wörtlich: »Nein, ich will auch gar keinen. Ich will nach Amerika.« Ende des Auftakts.

Nach Amerika bin ich bis heute nicht gekommen. Dafür, daß ich ein Auslandsstipendium meiner Sozialarbeiterakademie Hals über Kopf ausschlug, kann ich nicht Wilfried verantwortlich machen. Ich kann ihm nicht zur Last legen, daß ich seinetwegen sprichwörtlich von Kopf bis Fuß auf Liebe eingestellt war. Was dann passierte, halte ich für so *typisch*, daß es im Zusammenhang mit dem Thema des Buches lohnt, hier wiedergegeben zu werden.

Ich merkte nicht, wie ich mich im Laufe der Verliebtheit immer mehr und ganz selbstverständlich auf ihn und seine Welt einstellte. Es war zumindest teilweise ein innerer sprachloser Prozeß. Bereits in dieser ersten Phase der Beziehung war unsere Situation sehr unterschiedlich. Für mich, der das Glück aus allen Poren strahlte und die auf Wolken schwebte, war alles andere nachrangig. Sicher war auch er verliebt, wie ich seinen Blicken, den Zärtlichkeiten und den vielen Freuden, die er mir machte, entnehmen konnte, aber sein Leben, die Beschäftigung mit der Doktorarbeit, die Arbeit an der Uni, die Beziehungen zu Freunden und Freundinnen gingen weiter. Ich lernte mich seinen Gewohnheiten anzupassen und wurde in sein Leben integriert. Plötzlich schien ich, die jahrelang allein gelebt hatte, keine Eigenheiten mehr zu haben. Natürlich waren sie noch da, sie hatten sich nicht in Luft aufgelöst, aber ich ließ sie/mich ganz einfach im Stich.

In meiner Kindheit war ich mit klassischer Musik aufgewachsen, ganz besonders liebte ich Mozart, den mir mein Vater nahegebracht hatte. Nun verschwand meine kleine Plattensammlung, die mich während der ganzen Jahre treu begleitet hatte, in einem Regal, nachdem ich bemerkt hatte, daß Wilfried mit dieser Musik nichts anfangen konnte. (Erst vor einigen Jahren begann er sie für sich zu entdecken.) Er liebte Rock und Jazz, schwärmte begeistert von Gruppen wie »Creedence Clearwater Revival« und »Pink Floyd«, den »Stones« sowieso, und so lernte ich nicht ganz ohne Zögern, in eine unvertraute Richtung zu hören. Leider ließ ich zumindest für eine längere Zeit *meine*

Musik im Stich, um *seine* aufzunehmen. Ich ließ noch anderes fallen, was vorher Teil meiner Geschichte und Person gewesen war, zum Beispiel den Kontakt zu früheren Partnern, mit denen ich bis dahin in freundschaftlicher Verbindung gestanden hatte und deren weiterer Lebensverlauf mich interessierte. Seine völlig unbegründete Eifersucht (die mir zugegeben auch schmeichelte) duldete keine »fremden Götter« neben ihm.

Es ist unmöglich, die vielen kleinen, unscheinbaren Anpassungsschritte, die von meiner Seite stattfanden, zu beschreiben. Wenn wir zum Essen ausgingen, schaffte ich von meiner Portion meist nur die Hälfte, ich war tatsächlich satt und ausgefüllt von dem Gefühl zu ihm, und Wilfried übernahm gerne den Rest. (Jahre später äußerte er nostalgisch immer wieder, was das noch für Zeiten waren, als er »meine Hälfte« auch noch abbekommen habe. Irgendwie schien das für ihn keine günstige Entwicklung zu sein, daß ich nun immer alles selbst aufessen wollte.)

Wenn ich in Gesprächen über diese erste Zeit des Zusammenlebens in den letzten Jahren versuchte in Erfahrung zu bringen, wieviel Wilfried eigentlich damals von meiner Bereitschaft, mich total auf ihn einzustellen, wirklich wahrgenommen und miterlebt hat, bin ich traurig und wütend bei der Erkenntnis, wie sehr wir in aller Verliebtheit aneinander vorbei fühlten. Der Schatz, den ich ihm angeboten hatte, war für ihn ein selbstverständliches Geschenk. Seine männliche Selbstwahrnehmung ließ gar keine andere Möglichkeit zu, als daß es völlig in Ordnung war, daß ich ihn zu meinem Lebensmittelpunkt machte. Gleichzeitig eröffnete er mir eine »neue Welt«, die mir bis dahin ungeahnte Möglichkeiten schuf. Er ermutigte und unterstützte mich (auch finanziell) bei meinem Psychologiestudium, durch ihn lernte ich interessante Menschen kennen, und gemeinsam engagierten wir uns in einer therapeutischen Gruppe, so daß es uns nie an interessantem Gesprächsstoff fehlte. Darüber hinaus hatten wir viel Spaß miteinander, konnten zusammen ausgelassen und fröhlich sein und schmiedeten Pläne für die Zukunft, in der wir einmal gemeinsam an der gleichen Sache arbeiten würden.

In vielerlei Hinsicht ging meine romantische Vorstellung von der Liebe in Erfüllung. Ich hatte mir Intensität, Anregung und

Freude gewünscht, eine phantasievolle und abwechslungsreiche Beziehung, Zärtlichkeit und lustvolle Sexualität und das gemeinsame Bewältigen von Aufgaben. All dies bekam ich.

Trotzdem gab es große Schwankungen in unserer Beziehung, heftige Krisen und Phasen von Distanz, in denen nicht sicher war, ob und wie es weitergehen würde. Ziemlich bald, vielleicht ein halbes Jahr, nachdem wir uns kannten, äußerte Wilfried zum ersten Mal Bedenken. In einem unserer häufig stattfindenden Gespräche teilte er mir unvermittelt mit, daß er sich nicht liebesfähig fühle. Ich weiß noch heute, wie irritiert und verblüfft ich über diese Aussage war. Ich begriff nicht, was er damit sagen wollte, spürte aber eine starke Beunruhigung, einen spontanen Schrecken, dem ich sofort den Mund verbot. Statt dessen höre ich mich noch heute beschwichtigend und beruhigend auf ihn einreden, humorvolle Bemerkungen machen und tröstend sagen, daß das doch jeder kann, wenn er es wirklich möchte. Was wäre geworden, wenn ich damals begriffen hätte, was dieser Mann mir mit echtem Kummer mitteilen wollte: »Ich spüre, daß ich nicht richtig lieben kann. Ich weiß nicht, ob ich dir geben kann, was du brauchst. Mir fehlt etwas.« Immer wieder tauchte diese Aussage in allen möglichen Variationen auf, zum Beispiel auch so, daß er vielleicht nicht der richtige Mann für mich sei und ich jemand Besseres verdient hätte. Ich weiß, daß diese beunruhigenden Bemerkungen für mich ein enormer Ansporn waren, Kräfte zu mobilisieren im Sinne von »Das wollen wir doch mal sehen, dann liebe ich eben für uns beide«. Meine Reaktion schien mir völlig normal, sie unterlag keiner bewußten Entscheidung, sondern war rein intuitiv.

Da war noch ein anderes, mir lange unverständliches Phänomen. Die Nähe zu Wilfried machte mich überwiegend glücklich und zufrieden, ihn schien sie von Zeit zu Zeit in einen Zustand von Unruhe zu versetzen. Wenn er seufzend äußerte: »Ich möchte mich so gerne wieder einmal nach dir sehnen können«, dachte ich nicht richtig zu hören. Es leuchtete mir nicht ein, daß man erst einen künstlichen Abstand herstellen sollte, um sich dann wieder freudestrahlend in die Arme fallen zu können. Ich war froh, daß er bei mir war, genoß seine Anwesenheit und dachte überhaupt nicht daran, mich sehnen zu wollen, solange das Ziel meiner Sehnsucht ohnehin bei mir war. Ich wollte mich nicht verzehren nach einem Abwesenden, sondern ihn anschauen und berühren können und sein schönes Lachen hören.

Aber sein Kummer, in den ich mich nicht einfühlen konnte, war echt, und er wollte mich damit nicht ärgern. Es war etwas Rätselhaftes mit dieser Nähe- und Distanzbewegung. In solchen Zeiten schlug ich ihm vor, einfach zu verreisen, seltsamerweise genügte ihm bereits die eröffnete Möglichkeit, um wieder anders zu fühlen. Wilfried machte nie davon Gebrauch, das Angebot in die Tat umzusetzen. Ich fand das alles sehr seltsam, akzeptierte es jedoch als eine Eigenheit von ihm, denn meine Bedürfnisse waren anders.

Wann begann ich damit, einen kritischen Blick zu riskieren und mir genauer anzuschauen, wie der Beziehungsraum zwischen uns beiden aufgeteilt war? Lange war ich damit beschäftigt, neben anderen Tätigkeiten wie Studium, Promotion und dem Aufbau einer eigenen therapeutischen Arbeit, mich in meiner Liebesarbeit zu vervollkommnen. Ich weiß nicht mehr, wann ich mir zum ersten Mal die Frage stellte, ob ich für meine eigenen Belange von Wilfried ebensoviel Teilnahme, Aufmerksamkeit und Unterstützung bekam wie er von mir. Es gibt kein Datum und kein herausragendes Ereignis, das den qualitativen Sprung in unserer Beziehung bewirkt hätte. Es war eher ein stetiger Lernprozeß, bei dem wir wechselweise Schritte aufeinander zu machten, oder aber in bestimmten Zeiten stehenblieben, lustlos auf die Wünsche und Erwartungen des/der anderen einzugehen. Wilfried beschreibt in seinem Buch »Männer lassen lieben«, wie er den Zugang zu den Anliegen der Frauenbewegung und damit auch meinen erlebt und gefunden hat. Ich denke heute, daß mein Beitrag zu diesem Geschehen vor allem darin bestand, daß ich (nicht zuletzt durch sein Beispiel angeregt) lernte, Konflikte offen auszutragen, Spannungen auszuhalten, und nicht aufgab, Forderungen und Wünsche an Wilfried zu richten, bei denen er anfänglich merklich Schwierigkeiten hatte, sie überhaupt aufzunehmen. Wortwörtlich sagte er ab und zu bei solchen »Grundsatzgesprächen«: »Ich will auf deine Wünsche eingehen, aber es fällt mir ungeheuer schwer, das zu behalten, was du sagst. Du mußt es mir auf eine Kassette sprechen, damit ich es immer wieder anhören kann, oder ich muß es mir aufschreiben.« Einerseits ließ mich bereits seine mündliche Bereitschaft, auf mich eingehen zu wollen, innerlich wieder dahinschmelzen, andererseits wußte ich sehr wohl, daß ich es dabei nicht belassen durfte, wenn sich wirklich etwas ändern sollte. Der Prozeß, der von vielen Gesprächen über die unterschiedlichen Positionen unseres Liebens begleitet war, ist für uns beide zeitweise schmerzlich und anstrengend, aber auch ungeheuer ermutigend gewesen (und ist es noch).

Wilfrieds Buch »Männer lassen lieben« ist nicht Resultat angelesener, unlebendiger Weisheiten oder inhaltsleeres Geschwätz wie so mancher Text von einem Mann, der auf die Frauenbewegung *reagiert*. Er beschreibt seinen eigenen Lernprozeß, der ihn mitunter soviel Kraft kostete, daß er nicht wußte, ob er die Arbeit daran durchstehen würde. Er hat es geschafft!

Und sicher ist es kein Zufall, daß ich erst jetzt, nachdem sein Buch bereits bei vielen Menschen einen Platz gefunden hat, in Ruhe und Konzentration darangehen konnte, meine Gedanken zum Thema Liebe und Gehorsam festzuhalten und endlich zu Papier zu bringen. Wir beide wissen, daß der eigene Lernprozeß noch keineswegs abgeschlossen ist, denn seine ernsthafte Bemühung, sich in anderer Weise als bisher an der Liebesarbeit zu beteiligen, löste in mir nicht nur ein tiefes Gefühl von Befriedigung, sondern auch Unsicherheit aus. Mit dem Platz, der für mich entstanden ist, der Möglichkeit, meine Kräfte weitgehend für mich selbst einsetzen zu können, muß ich erst allmählich umgehen lernen. Das altvertraute Gefühl des »Gebrauchtwerdens« ist nicht so leicht durch eine andere Identität zu ersetzen.

Meiner Ansicht nach gibt es keine Anhaltspunkte für eine neue Entwicklung auf breiter Basis. Noch scheint die Entwicklungsgeschichte von Mädchen, die Geschichte ihres Liebenlernens, eng mit der Schulung in Anpassung und Gehorsam verbunden zu sein. Solange die Unterdrückung eines Geschlechts von Anfang an mit Liebe verunklart wird, müssen wir uns nicht wundern, warum die

Frauenbewegung immer noch keine Massenbewegung geworden ist, und schon gar nicht darüber, daß eine Männerbewegung nicht existiert. Wozu auch, wenn die Mehrheit der Frauen stets wieder bereit ist, den alten Liebesmustern entsprechend ihr Leben entfremdet einzurichten.

Seit Ende 1987 der neue Hite-Report »Frauen und Liebe« in der Presse angekündigt wurde, häufen sich die Meldungen darüber, daß die Frauen es satt haben zu lieben. Ich mißtraue diesen Trendmeldungen zutiefst. Nicht daß ich bezweifle, daß viele Frauen es leid sind, einseitige Liebesarbeit zu verrichten (die hohen Scheidungsquoten und die Tatsache, daß Trennungen vermehrt von Frauen ausgehen, sprechen eine eindeutige Sprache), sondern daß sie wirklich imstande und bereit sind, grundsätzliche Konsequenzen in Sachen Liebe, auch in bezug auf die eigene Identität, zu ziehen.

Lassen wir uns nicht wieder täuschen! Solange in dieser Männergesellschaft Weiblichkeit untrennbar mit der Fähigkeit, lieben zu können (und zu müssen), verknüpft ist, stürzt es Frauen in schwere Konflikte, dieser Anforderung nicht zu gehorchen. Ihr (wenn auch widerwillig) zu entsprechen stellt immer noch die sicherste Möglichkeit dar, ein richtiges weibliches Identitätsgefühl zu haben. Außerdem ist mit dem Wechsel von einem liebesunfähigen Mann zum nächsten rein gar nichts gewonnen.

Das Buch von ROBIN NORWOOD »Wenn Frauen zu sehr lieben« hat zu einer Vielzahl von Selbsthilfegruppen geführt, in denen »liebessüchtige« Frauen Hilfe suchen. Meiner Meinung nach geht das Buch über eine sehr anschauliche Beschreibung des »Ist-Zustandes« in der Liebe nicht hinaus. Den Leserinnen werden zwar ihre »falschen Liebesmuster« lebendig und eindrucksvoll vorgestellt, aber über die politisch-gesellschaftliche Dimension dieses Themas wird kein Wort verloren. Die Leserinnen werden zum Schluß mit einem Trainingsprogramm entlassen, einzeln oder in Gruppen neue Haltungen zu üben, das ihnen Erfolg garantiert (wie bei einer »Brigitte-Diät«), wenn sie sich folgsam an die Vorschriften halten. Möglicherweise hat die Lektüre dieses Buches einigen oder vielen Frauen tatsächlich

weitergeholfen, aber es bleibt die Frage offen, ob mit diesem
»gesünderen oder besseren Lieben« tatsächlich etwas funda-
mental Neues gewonnen wurde.

So wie die Dinge nun einmal liegen, können Frauen gar nicht
zuviel lieben, denn schließlich ist es ihr gesellschaftlicher Auf-
trag, für den Mann als Liebesexpertin zu fungieren und diese
schizophrene Arbeitsteilung zwischen »Macht der Liebe« und
»Macht der Gewalt« nicht in Frage zu stellen.

Was, wenn es eigentlich darum geht, den Liebestraum, wie er
in unseren Köpfen spukt, endgültig zu verabschieden, den
Betrug und Selbstbetrug aufzudecken und der Wahrheit ins
Auge zu schauen, daß die keineswegs gleichen Lebensbedingungen von Frauen und Männern die Liebe zwischen beiden
unmöglich machen? Wenn in einer Beziehung dennoch Bemühung um Verständigung, gegenseitige Hilfe, Zärtlichkeit und
gemeinsame Lust zustande kommt, ist es meist Ausdruck der
Überwindung geschlechtlicher Klischees und Bedingungen ab-
getrotzt, die nicht auf ein liebevolles Miteinander, sondern auf
kämpferisches Gegeneinander abzielen.

Von dem Märchen der Liebe zwischen den Geschlechtern
Abschied zu nehmen und sich der lieblosen Wirklichkeit zu
stellen, das scheint für Frauen besonders schwierig zu sein.
Vielleicht weil die Trauer, der Schmerz und die Wut über die
anerzogenen und gelebten Täuschungen ein fast unerträgliches
Maß an Kummer bereiten.

Wenn Frauen wirklich eine Änderung dieses unhaltbaren
Zustandes wollen, müssen sie aus ihrem Dornröschenschlaf
aufwachen, der ihnen erlaubt hat, sich als wehrlose und unschul-
dige Opfer zu fühlen; sie müssen die Verantwortung auf sich
nehmen lernen, als handelnde Subjekte in das zerstörerische
Geschehen einzugreifen, und darauf *bestehen*, daß die Liebesarbeit geteilt werden muß. Erst wenn sie darauf verzichten können, sich im »Glanze ihrer Liebesfähigkeit« zu sonnen (die im
übrigen Inkompetenz in anderen Lebenszusammenhängen zu
entschuldigen scheint), werden Männer in Zukunft nicht nur die
Chance haben, selber lieben zu lernen, sondern sie werden es
ganz einfach lernen *müssen*.

Ich möchte in diesem Buch aufzeigen, wie der Gehorsam von Frauen aus Liebe, ihre Bereitschaft, »ihm zuliebe« etwas zu tun oder zu lassen, in entscheidender Weise neue Entwicklungen behindert.

Gleichzeitig liegt mir daran, ein Verständnis dafür zu schaffen, warum es so schwierig ist, aus diesen zerstörerischen Haltungen auszusteigen. Dabei gewinnt die Tatsache, daß es immer noch primär Frauen sind, die die Kinder betreuen und in das Leben einführen, eine überragende Bedeutung. Die erste Liebe beider Geschlechter gilt somit einer Frau. Dieser nur scheinbar »natürliche Zustand« wird jedoch von Mädchen und Jungen völlig unterschiedlich wahrgenommen und verarbeitet.

In dieser traditionellen Mutter-Kind-Symbiose werden Mädchen weiterhin auf ihre spätere Liebesarbeit vorbereitet, während Jungen ihre Abhängigkeits- und Verbundenheitsgefühle verdrängen müssen, um zu »richtigen Männern« und damit Macht- und Gewaltexperten zu werden.

Mit den destruktiven Auswirkungen dieser Mutter-Kind-Arrangements haben wir nicht nur im Alltag der Geschlechterbeziehungen und im privaten Leben zu tun, sie manifestieren sich auch in der systematischen Zerstörung unserer Erde. Insofern ist der Umgang mit Liebe weit mehr als reine Privatangelegenheit von Frauen und Männern.

II. Kapitel

„Wir sind über die Maßen glücklich..."

Die Annahme, daß möglicherweise die »Frau von der Straße« besonders anfällig für den »Liebeszwang« ist und andere, herausragende Frauenpersönlichkeiten mit einem ungewöhnlichen Leben davon verschont bleiben, stellt sich als Irrtum heraus, sobald man/frau ihre autobiographischen Schriften aufmerksam liest. Aus einem breiten Spektrum von Möglichkeiten, dafür Beispiele zu liefern, habe ich nur einige ausgewählt. Es sind überwiegend Schriftstellerinnen, deren Bücher in meinem Leben einen wichtigen und festen Platz eingenommen haben. Da ich in den letzten Jahren mit dem Thema dieses Buches »schwanger« ging, es mich ständig und überall beschäftigte und natürlich auch nicht bei der Lektüre von Büchern verließ, fielen mir im Lauf der Zeit Zitate in die Hände, die ich hier nicht vorenthalten möchte.

Es ist hier weder der Raum noch das Anliegen des Buches, das Werk dieser Autorinnen vorzustellen, aber vielleicht bewirkt der Kontakt mit ihren Aussagen Neugier auf ein intensiveres Kennenlernen.

SYLVIA PLATH, die am 27. Oktober 1932 in Amerika geboren wurde und bereits 1963 in London durch Selbstmord starb, ist mit ihren Werken »Die Glasglocke« und dem Gedichtband »Ariel« als Vertreterin moderner anglo-amerikanischer Lyrik berühmt geworden, allerdings erst nach ihrem Tode.

Mit ihrer Mutter, die eigene schriftstellerische Ambitionen hatte, die sie jedoch nach ihrer Heirat mit Otto Plath auf seinen Wunsch hin aufgeben mußte, verband Sylvia eine äußerst komplizierte und mit Erwartungen überfrachtete Beziehung. In einem nach ihrem Tod veröffentlichten Buch »Briefe nach Hause«, zu dem die Mutter von Sylvia Plath das Vorwort und GABRIELE WOHMANN in der deutschen Übersetzung das Nachwort schrieb, wird in einer Hinterlassenschaft von 696 Briefen an die Familie eine Entwicklung fühlbar, von der Gabriele Wohmann als von »einer großen anhaltenden Liebesarbeit« spricht. Diese galt einmal der Mutter, und nachdem sie 1956 den englischen Schriftsteller Ted Hughes kennengelernt hatte, dem Mann ihres Lebens.

Auszüge aus den Briefen: *14. Juli 1956* »Wir sind über die Maßen glücklich... ich kann mir gar nicht vorstellen, wie ich jemals ohne ihn gelebt habe. Ich finde, er ist der schönste, geistreichste, schöpferischste, liebste Mann von der Welt. Ihm gilt mein ganzes Denken, ich überlege dauernd, wie ich ihm eine Freude bereiten, wie ich es ihm angenehm machen kann; und ich bin frei... von der fürchterlichen Enge, die aus wachsender Selbstbezogenheit kommt. Er ist gütig und rücksichtsvoll und hat einen wunderbaren Sinn für Humor.«

25. Juli 1956 »Ted und ich schreiben von 8 Uhr 30 bis 12 – er am großen Eichentisch, ich am Schreibmaschinentisch am Fenster im Eßzimmer (unserem Arbeitszimmer). Dann koche ich Mittagessen, und anschließend gehen wir für zwei Stunden an den Strand, halten Siesta, schwimmen, wenn die Leute alle nach Hause gegangen sind, und haben alles ganz für uns allein. Danach wieder zwei Stunden Schreiben, von 4 bis 6, und anschließend Abendessen. Von 8 bis 10 Uhr abends studieren wir Sprachen.«

24. Februar 1957 »Und ich bin so glücklich mit ihm. Dieses Jahr ist ein schweres Jahr für uns beide. Ich wünschte, ich müßte nicht gleich drei Aufgaben erfüllen – schreiben, kochen und Haushalt machen und für schwierige Examina lernen. Ich würde gerne, wenn ich ein oder zwei Jahre unterrichtet und meine Selbstachtung genügend genährt habe, die Stelle aufgeben und nur noch schreiben und Ehefrau und Mutter sein... Kinder aber erst, wenn ich einen Lyrikband und einen Roman veröffentlicht habe, damit meine Kinder sich mit der Routine meiner Arbeit vertragen, statt sie durch ihre eigene über den Haufen zu werfen.«

4. April 1960 »Alles scheint viel ruhiger und friedvoller, seit das Baby da ist... Ted wird ein Arbeitszimmer und vollkommene Ruhe haben, sobald ich wieder ganz bei Kräften bin und Kind und Haushalt übernehmen kann. Im Moment bin ich darauf angewiesen, daß er kocht, einkauft, in den Waschsalon geht, etc. etc...«

17. März 1961 »Das Allerschwierigste war die Rekonvaleszenz zu Hause. Der arme Ted behauptet steif und fest, er mache das gerne, dieses Baby-Hochheben und Wäschebringen und so weiter, aber er macht es nun schon über einen Monat seit meiner Fehlgeburt, und ich glaube, es plagt *mich* mehr als ihn...«

7. Dezember 1961 »Der Grund, weshalb ich so lange nicht geschrieben habe, ist wahrscheinlich ziemlich töricht, aber vor zwei Wochen bekam ich eine schreckliche Depression, als ich zwei Artikel in *The Nation* las – ›Der Moloch Kriegsstaat‹ – über die entsetzliche Ehe zwischen Großindustrie und Militär in Amerika... Das Schlimme ist, daß die Macht zur Zerstörung real und universal ist und auch die Profession von Generälen, die nach ihrer Pensionierung Vorstandsmitglieder eben jener Raketenfabriken werden, denen sie zuvor Aufträge erteilt haben... Ich wünschte bloß, man könnte alle destruktiven Leute auf den Mond schicken.«

4. März 1962 (nach der Geburt des zweiten Kindes) »Ich bin jetzt soweit, etwas mehr als zwei Stunden vormittags in meinem Arbeitszimmer verbringen zu können, und ich hoffe, daß vier daraus werden, wenn ich es schaffe, um sechs aufzustehen; sobald Nicholas nachts nicht mehr aufwacht und gestillt werden muß, wird mir das wohl gelingen. Nach zwölf jedoch vergeht der Tag wie im Fluge, und ich kann froh sein, wenn ich von allem, was ich mir vorgenommen habe – backen, Briefe schreiben, lesen, studieren –, auch nur einen Bruchteil schaffe.«

(Gabriele Wohmann macht in ihrem Nachwort darauf aufmerksam, daß die Mutter, der diese Brieffluf in erster Linie galt und die mit den Briefen die Beschreibung der Vielfachbelastung der Tochter in den Händen hielt, offenbar nie auf den Gedanken gekommen war zu sagen: »Dann schreibe doch wenigstens seltener, gutes Kind.«)

27. August 1962 »Ich hoffe, Du bist nicht allzusehr überrascht oder schockiert, wenn ich Dir sage, daß ich versuchen will, eine gesetzliche Trennung von Ted zu erwirken. Ich glaube nicht an Scheidung und würde niemals daran denken, aber ich kann einfach dieses erniedrigte, qualvolle Leben, das ich jetzt lebe, nicht weiterleben, es hat meinem Schreiben ein Ende gesetzt und mir beinahe Schlaf und Gesundheit zerstört...«

(Ted hatte eine andere Frau kennengelernt.)

26. September 1962 »Gestern fuhr ich nach London zu dem

37

Anwalt – eine wirklich qualvolle, aber notwendige Erfahrung. Nicht zu wissen, wo Ted ist, außer, daß er in London ist... Ich hoffe, er wird... einer außergerichtlichen Regelung zustimmen und mich finanziell unterstützen... Die Gesetze sind natürlich fürchterlich: Einer Frau steht ein Drittel des Einkommens ihres Mannes zu, und wenn er nicht sofort bezahlt, muß sie das Geld einklagen, was langwierig und teuer ist. Falls die Frau etwas verdient, wird ihr Einkommen zu seinem dazugerechnet, und letzten Endes zahlt sie für alles...«

9. Oktober 1962 »Ich lasse mich scheiden. Das ist das einzig Richtige... Mein ganzes Leben lang werde ich von Ted hören, von seinem Erfolg, seinem Genie... Ich muß mir, so schnell ich kann, ein eigenes Leben aufbauen... das Fleisch ist mir von den Knochen gefallen. Aber ich bin ein Kämpfer.«

16. Oktober 1962 »Als Ted mit allen seinen Kleidern und Sachen weg war, stopfte ich die Kinder und die beiden Katzen ins Auto und fuhr... zu einem mir bekannten Paar nach St. Ives in Cornwall – die himmlischsten goldenen Strände vor smaragdgrünem Meer. Entdeckte Cornwall, erschöpft, aber glücklich, meine erste unabhängige Handlung! Nichts wünsche ich mir so sehr, wie ein neues Leben aufzubauen.«

4. Februar 1963 (es ist der letzte Brief, den sie vor ihrem Tod am 11. Februar ihrer Mutter nach Amerika schickte)

»Ich werde es einfach alleine hier drüben ausfechten müssen. Vielleicht schaffe ich es eines Tages, mit den Kindern Ferien in Europa zu machen... Gerade jetzt brauchen mich die Kinder am meisten, deshalb werde ich versuchen, in den nächsten paar Jahren auch weiterhin morgens zu schreiben, nachmittags mit ihnen zusammenzusein und abends Freunde zu treffen oder zu lernen und zu lesen...«

Am 11. Februar erhielt nicht die Mutter, sondern deren Schwester ein Telegramm von Ted Hughes, in dem er mitteilte, daß Sylvia gestern gestorben sei.

RUTH BERLAU, die am 24. August 1906 in Kopenhagen geboren wurde, gehört zu jener großen Schar von kreativen Frauen, die trotz einer Fülle eigener Fähigkeiten (sie war bereits, bevor sie

Bertolt Brecht kennenlernte, Schauspielerin, hatte ein eigenes Arbeitstheater gegründet und war als Schriftstellerin tätig, später kam noch der Beruf der Fotografin dazu) nicht ein *eigenes Werk* schufen, sondern dieses als Muse, Mitarbeiterin, Zuarbeiterin und Geliebte in das Werk ihres männlichen Gefährten einbrachten. »Liebe ist eine Produktion«, pflegte Brecht zu sagen. Als Ruth Berlau ihn im Sommer 1933 zum ersten Mal persönlich traf, war sie noch mit Robert Lund verheiratet. Über diese erste Begegnung schreibt Ruth Berlau in dem Buch »Brechts Lai-Tu«: »Ich stand also unschlüssig mit meiner Schreibmaschine vor dem Haus, als ich hinter mir ein leises ›Hallo‹ hörte. Dieses zarte, fragende Rufen ist, wie ich später erfahren habe, für viele Frauen sozusagen der Inhalt ihres Lebens geworden. Darauf haben sie gewartet, darauf haben sie gebaut und davon haben sie geträumt. Damals hörte ich es zum erstenmal.« Ruth Berlau verließ ihren Mann und begleitete Brecht und Helene Weigel auf den verschiedenen Stationen des Exils. Die schriftstellerische und künstlerische Zusammenarbeit bildete den Auftakt der Beziehung, die erst später auch zu einer erotisch-sexuellen Beziehung wurde.

»Brecht las dicke Bücher nicht gern. Außerdem erwartete er Vorschläge für die nächste Szene. Das war meine Nachtarbeit, denn Brecht ging früh zu Bett. Am nächsten Morgen fand er vor seiner Tür die eingestrichenen Bücher und meinen Szenenvorschlag. Ich war stolz, wenn Brecht zwei Sätze benutzen konnte. Brecht mußte irgend etwas haben, was ihn anregte, das konnten auch zwei Sätze sein.«

Die Spannungen und Schwierigkeiten in der Beziehung zwischen beiden bahnten sich bereits während des Exils in Amerika an. Nach der Rückkehr nach Deutschland, als Brecht und Weigel sich am Deutschen Theater niederließen, spitzten sie sich vollends zu, da Ruth Berlau nicht aufgab, um ihren besonderen Platz im Leben Brechts zu kämpfen. Am 16. Januar 1951 schreibt Ruth Berlau in einem Brief an den Verleger Peter Suhrkamp: »Und glauben Sie mir, da ist Brecht groß. Eigentlich verachtet er ja uns Frauen tief, nur über Rosa Luxemburg und über Krupskaja, Lenins Frau, kann man ihm Gutsagen abpressen. Ja, und natürlich über Weigel!!! Mich hat er immer behandelt wie den letzten Dreck – leider liebe ich ihn... Erst nach zwei Jahren Zusammenarbeit entdeckte ich, daß ich nicht nur unseren Dichter Brecht liebe, sondern auch Bertolt. Ich zog weg von Robert Lund, aber er sagte und glaubte, es sei nur für ein halbes Jahr oder so. Er wollte sich nicht scheiden lassen. Er sagte: ›Zweite Violine kannst du nicht spielen.‹ Ach, Peter Suhrkamp, ich habe gelernt, die fünfte Violine bei Brecht zu spielen. Ich liebe.«

In ihren Tagebuchaufzeichnungen vom 29. Oktober 1954 bezieht Ruth Berlau sich auf ein Gespräch mit Brecht, in dem sie ihm offenbar wieder Vorwürfe wegen seiner Beziehungen zu anderen Frauen machte und ihre Eifersucht zum Ausdruck brachte. Sie hält die Antwort Brechts zu diesem Thema fest: »›Du solltest froh sein, wenn ich Spaß habe‹, hat er mir gesagt. Bin ich frigide? Nur eine frigide Frau kann diesem Verlangen nachkommen – jubelnd sich freuen, wenn er andere küßt. Auch schrieb er mir: ›Liebende sind große Leute...‹ Warum tritt er dann auf eine große Sache wegen drei, vier Ziegen?«

Ist das Zufall, daß ihre Wut und Empörung lange weniger *den Mann* traf als die weiblichen Rivalinnen, die blöden Ziegen? Der Herausgeber des Buches »Brechts Lai-Tu«, der Ostberliner Schriftsteller HANS BUNGE, schreibt in seinem Nachwort zu dieser letzten Phase der Beziehung: »In ihrer Verzweiflung hat sie die falschen Mittel eingesetzt, um die Entwicklung aufzuhalten, die ihr doch so deutlich vor Augen stand. Sie hat Brecht mit unmäßiger Eifersucht gequält. Sie hat ihn am Arbeiten gehindert – bei ihm zu Hause, indem sie ihn ununterbrochen mit Telefongesprächen belagerte, wobei sie abwechselnd seine Liebe zu ihr beschwor und ihn beschimpfte, und bei Gesprächen in der Dramaturgie des Theaters, indem sie sich zu den verrücktesten Aktionen hinreißen ließ. Sie hat es fertiggebracht, eine Probe so zu stören, daß Brecht sie entnervt abbrechen mußte. Sie hat Brecht sogar geschlagen. Sie betrank sich immer häufiger in ihrer Ausweglosigkeit und gab die Schuld daran Brecht. Mehrmals mußte sie psychiatrisch behandelt werden, was ihre Erregungszustände nur steigerte. Sie fühlte sich verraten.« Nicht zu Recht?

Hatte Brecht nicht trotz des »Eifersuchtterrors« von ihrer Seite *sein* Werk geschaffen? Hatte er nicht seine Arbeit? Seinen Ruhm? Was hatte sie? Was blieb ihr?

Man vermutet, daß Ruth Berlau am 16. Januar 1974 gestorben ist. Sie ist bei einem Schwelbrand, den niemand bemerkte, erstickt. Bunge schreibt, daß sie ihn bis zum Schluß geliebt hat und ihm dankbar blieb: »Denn ihr Leben war das Leben Brechts, ihre Arbeit war die Arbeit Brechts, ihre Sorgen waren die Sorgen Brechts, auch nach seinem Tod und bis zu ihrem Tod.« Den *Tod ihrer Liebe*, den hatte sie allein.

Zum Bild von SIMONE DE BEAUVOIR, die am 9. Januar 1908 in Paris geboren und am 14. April 1986 dort gestorben ist, paßt die Haltung, »ihm zuliebe« etwas zu tun, anscheinend überhaupt nicht. Im Gegenteil, sie ist für Millionen Frauen in aller Welt leuchtendes Vorbild für Aufsässigkeit, Unangepaßtheit und Ungehorsam gegenüber einer verlogenen, die Frau diskriminierenden bürgerlichen Moral geworden. In ihrer mehrbändigen Biographie haben wir sie kennen- und liebengelernt, mit ihrem Buch »Das andere Geschlecht« hat sie uns die trüben Augen geöffnet und in einer Vielzahl anderer Veröffentlichungen mit ihrem unbestechlichen Blick und einem unbequemen Denken in notwendige Unruhe versetzt. Selten hat ein Liebespaar so umfangreich und offen das eigene Leben in Büchern dargelegt, wie Sartre und Beauvoir es getan haben. Vielleicht leben wir mit beiden noch zu nahe, um die überwältigende Kontinuität und die Bewegungen dieser Beziehung wirklich sehen zu können. Um das Bild zu vervollständigen, werden sicher in absehbarer Zeit jene Briefe veröffentlicht, die sie während der Zeit des Zweiten Weltkriegs an Sartre schrieb und die angeblich verloren waren, nun aber nach ihrem Tod von einer Freundin gefunden wurden.

Es ist schwer vorstellbar, daß in ihrer Verbindung mit Sartre überhaupt keine Gehorsamsmuster von ihrer Seite zu seinen Gunsten existiert haben sollen. Ihre Romane – mit autobiographischen Zügen – legen diese Vermutung ebenfalls nahe.

Ich entdeckte sie in ihrer Beziehung zu Nelson Algren, einem Schriftsteller aus Chikago, den sie bei ihrer ersten Amerikareise im Jahre 1947 kennenlernte und in den sie sich heftig verliebte. (Sartre war damals zur gleichen Zeit mit M., einer Amerikanerin, eng liiert.)

Im Januar war sie hingeflogen, und im Mai kehrte sie nach Paris zurück. In ihrem Memoirenband »Der Lauf der Dinge« schreibt sie über ihre Gefühle: »Ich wußte weder aus noch ein. Ich sehne mich nach dem Zusammensein mit Algren, hatte aber schließlich bisher nur drei Wochen mit ihm gelebt. Ich wußte nicht, bis zu welchem Grad ich an ihm hing: ein wenig, mehr oder noch mehr? Die Frage wäre müßig gewesen, wenn die Umstände sie für mich entschieden hätten. Plötzlich aber stand ich vor einer Wahl: Da ich wußte, daß ich bei Sartre bleiben könnte, riskierte ich ein schlechtes Gewissen, das, wenn es nicht Algren gegenüber in Unmut umschlug, zumindest mir selber Verdruß bereiten würde. Ich traf eine halbe Entscheidung: zwei Monate statt vier. Algren rechnete damit, mich lange bei sich zu haben, und ich wagte nicht, ihm klipp und klar meine neuen Dispositionen mitzuteilen. Ich wollte es mündlich mit ihm ordnen.«

Vier Seiten später, sie ist inzwischen wieder bei Algren in Amerika angekommen: »Ich hatte die Frage meiner Abreise noch nicht berührt. Bei der Ankunft brachte ich es nicht übers Herz, und auch in den darauffolgenden Wochen fehlte mir der Mut. Mit jedem Tage wurde es dringlicher und schwieriger. Auf einer langen Autofahrt von Mexiko nach Morelia teilte ich Algren mit linkischer Ungeniertheit mit, daß ich am 14. Juli wieder in Paris sein müsse. ›Na schön‹, sagte er.« Sie bemerkt, daß Algren beim weiteren Verlauf ihrer gemeinsamen Reise durch Amerika immer unzugänglicher und unwirscher reagiert, und gerät nun in Unruhe. »Mit schnellen Schritten ging er voraus. Als ich ihn einholte, antwortete er nicht auf meine Fragen. Im Hotel setzte ich mein Verhör fort: ›Was ist denn los? Es war alles so schön: Warum müssen Sie es verderben?‹ Ungerührt über eine Bestürzung, die mir die Tränen in die Augen trieb, ließ er mich stehen. Nach seiner Rückkehr versöhnten wir uns, ohne uns auszusprechen. Das genügte, um mich zu beruhigen.«

Aber es ist nur eine kurze Atempause, denn Nelson Algren ist weiterhin verdrossen. Das Klima zwischen ihnen wird immer angespannter. »Eines Abends fragte ich ihn: ›Sie haben mich nicht mehr so gern wir früher?‹ – ›Nein‹, erwiderte er, ›es ist nicht mehr dasselbe.‹ Ans Fenster gelehnt, weinte ich die ganze Nacht zwischen der Stille des Himmels und den gleichgültigen Geräuschen der Stadt.«

Eines Abends, als er sich ihrer Meinung nach besonders unangenehm aufführte, sagte sie: »Ich kann auch schon morgen abreisen.« Nach einem Wortwechsel sagte Algren urplötzlich: »Ich bin bereit, Sie auf der Stelle zu heiraten.« »Da wußte ich«, schreibt Simone de Beauvoir weiter, »daß ich ihm niemals etwas nachtragen könnte: Alle Schuld lag auf meiner Seite.«

Welche Schuld? fragte ich mich. Algren wußte von Anfang an, worauf er sich einließ. Sie hatte ihm bereits sehr früh klargemacht, daß sie Sartre niemals verlassen und auch ihr Leben in Paris niemals zugunsten eines Lebens in Amerika aufgeben würde. Übernahm sie in diesem Falle nicht zuviel Beziehungsarbeit? Er schweigt, sie stellt Fragen. Er ist mürrisch, sie ist traurig und wehrt sich nicht, sondern wartet ab. Sie mutet ihm die Wahrheit über die Dauer ihres Aufenthaltes zunächst nicht zu, aus Angst, alles zu verderben. Lauter typisch weibliche Haltungen und Reaktionsweisen, in denen sich auf charakteristische Weise Vorsicht, Rücksicht und Behutsamkeit im Umgang mit einem Mann ausdrückt, der seinerseits ruhig schmollen und seine Verletztheit deutlich und rücksichtslos ausleben darf.

Trotzdem bleibt Simone de Beauvoir mit ihrem absoluten »Willen zum Glück«, ihrer Unbedingtheit bei der Überschreitung von Grenzen, die die Gesellschaft Frauen gewöhnlich setzt, eine Ausnahmeerscheinung auch unter den hier zitierten Frauen. Während das Leben der anderen im Kontext ihrer Liebesbeziehungen häufig zu einer Zerreißprobe zwischen beruflichen Ambitionen und der Pflicht, aus Liebe gehorsam, nicht zu männlich aktiv zu sein, wurde, wurde Simone de Beauvoir von Sartre immer wieder bei eigenen Arbeiten unterstützt und ermutigt, so wie das auch umgekehrt ganz selbstverständlich der Fall war. Sartre hatte das Format, sich durch die ungewohnliche

Intelligenz und Produktivität seiner Partnerin nicht selbst in Frage gestellt zu sehen. Im Gegenteil, sie war seine liebste und schärfste Kritikerin.

ZELDA FITZGERALD, geb. Sayre, ist der Name der Frau, der untrennbar mit dem Schöpfer des »Großen Gatsby« verbunden ist. F. Scott Fitzgerald und seine geliebte Zelda, die am 24. Juli 1900 im Süden Amerikas geboren wurde und den romantischen Namen einer Zigeunerprinzessin erhielt. NANCY MILFORD beschreibt in ihrem Buch »Zelda« deren Kindheit und Jugend. Laut eigener Aussage war Zelda ein sehr eigenwilliges und mutiges Kind: »Als kleines Mädchen hatte ich soviel Selbstvertrauen, daß ich es sogar wagte, alles anders zu machen, als es damals üblich war. Unsicherheit oder Scheu waren mir fremd, und moralische Grundsätze hatte ich nicht.«

Ziemlich früh empfand sie die Situation im Elternhaus und in der Heimatstadt als erstickend eng. Sie brannte darauf, ein farbiges, intensives Leben zu leben. Mit achtzehn Jahren lernte sie in einem Country Club Scott Fitzgerald kennen. Beide waren vom ersten Augenblick der Begegnung voneinander fasziniert. In vielen Gesprächen entdeckten sie eine verblüffende Übereinstimmung ihrer Auffassungen und Interessen, besonders was das Schreiben und den Umgang mit Sprache anbetraf. Als Scott 1919 nach New York ging, er wollte dort versuchen, eine Arbeit als Journalist zu finden, schrieben sie sich lange, intensive Briefe. In einem schreibt Zelda ihm: »Scott – ich will nichts auf der Welt, nur Dich – und Deine wundervolle Liebe – Die materiellen Dinge sind völlig unwichtig. Aber ich fände es schrecklich, ein schäbiges farbloses Leben führen zu müssen – weil Du mich dann bald weniger lieben würdest – immer weniger – und ich würde alles tun, alles, um mir Dein Herz zu bewahren – Ich will nicht leben – ich will vor allem lieben, und nur so nebenbei leben... Denke nie, nie an die Dinge, die Du mir nicht geben kannst – Du hast mir das liebste Herz auf der ganzen Welt geschenkt... Mir ist, als hättest Du mich bestellt – und ich bin Dir zugesandt worden – um von Dir getragen zu werden – Ich möchte, daß Du mich trägst wie einen Uhrkettenanhänger oder ein Knopflochsträußchen – vor aller Welt. Und dann, wenn wir allein sind, möchte ich Dir helfen – und wissen, daß Du ohne mich *nichts* tun kannst.«

Mit zwanzig Jahren heiratete sie Scott, der gerade einen überwältigenden Erfolg mit »This Side of Paradise« hatte. In New York begannen sie mit einem Leben, das einem einzigen, ausgelassenen großen Fest glich. Das Milieu, in dem sie sich bewegten, hielt Scott Fitzgerald in seinen Erzählungen fest. Die Lust auf Luxus, gesellschaftliche Provokationen und Skandale, ungehemmter Alkoholkonsum, ein Kreis von gleichgesinnten Freunden, all das bestimmte die Lebenssituation des Paares entscheidend mit. Scott war inzwischen zu einer Berühmtheit geworden, während Zelda mit Identitätskonflikten konfrontiert war. In einem ihrer Romane schrieb sie zu dieser Situation: »Es ist sehr schwer, gleichzeitig zweierlei zu sein: erstens jemand, der nach seinen eigenen Gesetzen leben will, und zweitens jemand, der die netten alten Dinge behalten und geliebt und geborgen und beschützt sein möchte.« Nancy Milford schreibt an dieser Stelle in der Biographie weiter: »Daß der Versuch, diese widersprüchlichen Identitäten in einer Person zu vereinen, auch zur Selbstzerstörung führen konnte, ahnte sie damals noch nicht.« Zelda wollte vor allem ein extravagantes, abwechslungsreiches Leben führen. Vor der Geburt ihrer Tochter Pat, am 26. Oktober 1921, reisten sie noch mit dem Schiff nach Europa. Im Grunde war sie enttäuscht, daß das Baby kein Junge war, aber an ihrem Lebensrhythmus änderte sich wenig, da die Pflege des Kindes überwiegend in den Händen eines Kindermädchens lag.

In einem Interview, zu dem Zelda von der »Baltimore Sun« gebeten wurde und bei dem ihr Mann Scott ebenfalls anwesend war, stellte er ihr in Gegenwart des Reporters die Frage, was sie machen würde, wenn sie sich ihren Lebensunterhalt selbst verdienen müßte. Sie antwortete: »Ich hatte früher Ballettunterricht. Ich würde mich bei den Follies bewerben. Oder beim Film. Wenn ich keinen Erfolg hätte, würde ich Bücher schreiben.«

Ob und wie Zelda zum Werk ihres Mannes beitrug, ist

schwer zu sagen, da sie selber darüber keine Aufzeichnungen gemacht hat. Ihre eigenen schriftstellerischen Ambitionen waren jedoch viel intensiver, als sie zugab. Daß sie Scott bei seiner Arbeit geholfen hat, geht aus Briefen von Scott und Äußerungen von Freunden über das Paar hervor. So sagte er zum Beispiel auf die Bitte des Reporters, seine Frau zu beschreiben, daß diese für ihn vollkommen sei. Wörtlich: »Du bist immer bereit, dir meine Manuskripte anzuhören, Tag und Nacht. Du bist charmant – und schön. Und du reinigst, glaube ich, einmal wöchentlich den Eisschrank.«

1923 gingen sie nach Frankreich, in der Hoffnung, dort billiger und ruhiger leben zu können. Sie hatten (zumindest vorübergehend) die Nase voll von ständigen Parties und einem nicht abreißenden Strom von Gästen, die Scott bei seiner Arbeit störten. Der Vorsatz, »ein ganz anderes Leben« führen zu wollen, scheiterte. Es gab Krisen, Kräche und Affären, und der Alkohol spielte eine immer größere Rolle. Nachdem Zelda sich in Edouard Jozan, einen jungen Fliegeroffizier, verliebt hatte, beging sie einen Selbstmordversuch mit Schlaftabletten, und es bleibt unklar, ob Scott die Schwere der damaligen Krise tatsächlich begriff. Kurze Zeit später, als sie zur Erholung in Capri waren, notierte er: »Ich trinke ständig.« Und in einem Brief an J. P. Bishop: »Zelda und ich hören manchmal vier Tage lang nicht mit dem Streiten auf, jedesmal geht eine Trinkerei voraus. Aber wir sind noch immer maßlos ineinander verliebt und so ungefähr das einzige wirklich glückliche Ehepaar, das ich kenne.«

Ihren Wunsch, »etwas Eigenes zu haben«, setzte Zelda in dem Plan um, in Paris bei der Tänzerin Egorowa Unterricht zu nehmen. Sie war davon überzeugt, durch harte Arbeit eine erstklassige Tänzerin werden zu können, wobei ihr Mann deutlich zum Ausdruck brachte, daß er diese Idee lächerlich fand. Aber Zelda arbeitete neben dem täglichen Ballettunterricht noch an eigenen Geschichten und Skizzen über das Leben verschiedener Frauen, so daß ihre Belastung außerordentlich hoch und die Kräfte sehr angespannt waren.

Nancy Milford, die Biographin, schreibt: »In späteren Jahren erklärte Zelda, sie habe geschrieben, um ihre Ballettstunden nicht mit Scotts Geld bezahlen zu müssen. Wie leidenschaftlich sie danach strebte, etwas völlig Eigenes zu schaffen, ließ sie Scott damals nicht merken. Er war erstaunt über ihre Produktivität und empfand einen gewissen Groll darüber, da er selbst mit seinem Roman nicht weiterkam.«

Am 23. April 1930 wurde Zelda in ein Krankenhaus mit Namen »Malmaison« eingeliefert. Sie befand sich in einem zustand hochgradiger Erregung und betonte immer wieder, fast stereotyp, daß sie unbedingt arbeiten müsse. Sie hörte Stimmen und wurde in Wachträumen und im Schlaf von bedrohlichen Bildern gequält. Es kam zu einem erneuten Selbstmordversuch.

Mit diesem ersten Klinikaufenthalt begann die Phase ihres unaufhörlichen Zusammenbruchs und der verschiedenen psychiatrischen Stationen. Laut Diagnose eines Arztes war Zelda nicht einfach neurotisch oder hysterisch. Angeblich litt sie an Schizophrenie, später relativierte man, indem ihre Haltung als »schizoid« bezeichnet wurde.

Mit Hilfe der verzweifelten Briefe, die Zelda an Scott und andere Freunde schrieb, dokumentiert Nancy Milford diesen Lebensabschnitt dramatisch eindrucksvoll. In einer Passage schreibt Zelda: »Ich bin von meinem Mann abhängig, und er sagt, ich muß geheilt werden. Das sehe ich ein, aber da mich alles verwirrt, was mit ihm zu tun hat, sein Leben, in dem es für mich nichts gibt als äußerliches Wohlergehen, werde ich ihre Klinik mit einem festen Vorsatz verlassen: unter allen Umständen so zu leben, daß ich frei atmen kann.«

In einem im Mai 1933 stattfindenden Gespräch zwischen Scott und Zelda, das in Gegenwart eines Arztes und einer Stenographin in der Klinik »La Paix« geführt wurde, drückt Scott seine männlichen Erwartungen an eine Ehefrau aus. Er sagt: »Ich möchte, daß du an meine Interessen denkst. Das ist deine Hauptaufgabe, weil ich derjenige bin, der den Kurs steuert, der Lotse.« Worauf Zelda erwidert: »Ich kann nur sagen, mein Leben ist so unerträglich gewesen, daß ich lieber in einer Anstalt bin.« Auf ihre Frage, was sie denn seiner Ansicht nach machen sollte, antwortet er klipp und klar: »Ich möchte, daß du aufhörst, Romane zu schreiben... Ich hab' dir gesagt, wenn ich dich bei der Arbeit daran erwische, werde ich's zerknüllen.«

Zelda Fitzgerald starb am 10. März 1948. In ihrem Nachlaß befanden sich etliche unvollendete Erzählungen. Ihr Mann Scott starb acht Jahre früher im Dezember 1940 einen plötzlichen Tod. Es war das gleiche Jahr, in dem Zelda nach einer langen Periode von Krankenhausaufenthalten zum ersten Mal wieder draußen war.

Fast verrückt vor Liebe? Die Beschreibung des Lebens von Zelda Fitzgerald macht auf beeindruckende Weise nachfühlbar, daß die Unfähigkeit der Konfliktlösung zwischen den Klischees von Weiblichkeit, dem Wunsch, die angenehmen, verwöhnenden und stützenden Seiten dieses Korsetts zu »genießen«, und dem Anspruch, ein sinnvolles, selbstbestimmtes Leben zu führen, Frauen tatsächlich an den Rand ihrer geistigen Gesundheit und in den Wahnsinn treiben kann. Zelda ist keineswegs nur das »Opfer« eines karriere- und anerkennungssüchtigen Mannes, sie selbst brachte eine Bereitschaft zur Liebe mit, die Selbstzerstörung von Anfang an mit einschloß. Eine andere Art von psychologischem Verständnis hätte ihr allerdings auch damals schon »für ihre Situation als Frau« die Augen öffnen können. Ihre aufmerksamen Ärzte und therapeutischen Behandler waren offensichtlich alle Männer, die nicht verstehen konnten, daß eine Frau sich zu Recht existentiell bedroht fühlt, wenn sie nicht ihren Fähigkeiten und Neigungen entsprechend leben kann. Verrückt wäre es, unter diesen Umständen ruhig und normal zu bleiben. Aber damals gab es noch keine feministische Therapie, die einer Zelda Fitzgerald dabei hätte helfen können, die emotionale Verwirrung aufzulösen und ihr Mut zu machen, nicht nur spielerisch, sondern konsequent mit ihren Interessen umzugehen. Ich bin davon überzeugt, daß es nicht nur die Meinung eines egozentrischen Scott Fitzgerald war, wenn er als ihre Hauptaufgabe das Interesse an seiner Person deklarierte. Bis heute sind sich die meisten männlichen Psychologen und Psychiater über diesen natürlichen Anspruch einig. Ich könnte schreien vor Wut, wenn ich daran denke, daß auch heute noch viele kreative, kluge

Frauen aus keinem anderen Grunde in der Psychiatrie kaserniert sind, weil sie in den Augen ihrer männlichen Begutachter »Probleme mit der Weiblichkeit« haben.

KATHERINE MANSFIELD wurde 1888 als Katherine Beauchamp in Wellington, Neuseeland, geboren. Von ihrem Werk liegen in der deutschen Übersetzung unter anderem die Erzählungen vor: »Glück«, »Das Gartenfest«, »In einer deutschen Pension« und ein Buch mit dem Titel »Das Leben sollte sein wie ein stetiges, sichtbares Licht«, das Briefe, Tagebücher und Kritiken von ihr enthält. Aus ihm sind die nachfolgenden Zitate entnommen.

Katherine Beauchamp verließ 1908 Neuseeland, um nach London zu gehen. Sie war fest entschlossen, ein intensives Künstlerinnenleben zu führen, und schrieb bereits 1906 in ihr Tagebuch: »Oh, ich will die Dinge auf die Spitze treiben!«

Nach einer Heirat und Scheidung lernte sie den Schriftsteller John Middleton Murry kennen, den sie 1918 heiratete, nachdem sie bereits eine ganze Weile zusammengelebt und gearbeitet hatten.

Katherine Mansfield war eine besessene »Schreiberin«, die von sich selbst sagte: »Ich lebe, um zu schreiben.« Im Jahr 1910 schrieb sie in einem Brief: »Ich habe einen fast wahnsinnig zu nennenden Wunsch, etwas wirklich Gutes zu schreiben – und eine Unfähigkeit dazu, die unendlich qualvoll ist, wie Du Dir vorstellen kannst. Ich will es jedoch trotzdem versuchen, selbst wenn überhaupt nichts Großes dabei herauskommen sollte.« Als sie im Alter von 34 Jahren starb, sie war schwer an Tuberkulose erkrankt, hinterließ sie einen Schatz wunderbarer Erzählungen, ein schmales, aber kostbares Werk.

Im Zusammenhang mit dem Thema dieses Buches sind die Briefe, die sie an ihren Geliebten und späteren Mann John F. Murry schreibt, von großem Interesse. Sie dokumentieren in absoluter Schärfe, wie anders ihre Situation als Frau in dieser Liebe zwischen zwei kreativen Menschen war. Mir scheint, daß die meisten ihrer Äußerungen fast wortwörtlich auch von heutigen Frauen stammen könnten.

Sie schreibt im Sommer 1913: »Jawohl, ich hasse, hasse, *hasse* es, diese Dinge tun zu müssen, die Du von mir erwartest, wie alle Männer sie von ihren Frauen erwarten. Ich mache nur sehr widerwillig den Dienstboten. Das mag ja alles recht und gut sein für Frauen, die nichts anderes zu tun haben... Und dann sagst Du, ich sei ein Tyrann, und wunderst Dich, daß ich abends müde bin! Das Mißliche bei Frauen wie mir ist, daß sie sich von allem, was sie gerade tun, innerlich nicht lösen können! Montags, wenn Du mit Gordon und Lesley fort bist, laufe ich umher, und im Kopf spritzen nur Pfannen und Öfen und die Frage herum: »Werden wir auskommen mit dem, was wir da haben?... und Du rufst, ganz egal, was ich gerade tue: ›Tig, wie steht's mit dem Tee? Es ist fünf Uhr!‹ – als ob ich ein säumiges Dienstmädchen wäre. Ich hasse mich selber heute. Ich verabscheue diese Frau, die Dir ›den Haushalt führt‹... Ja, es ist kein Wunder, daß Du dann ›verstummst‹.«

Und am 16. Mai 1915: »Aber ich bin so gemacht, daß ich, sobald ich mit jemand anderem zusammen bin, auf seine Wünsche und seine Meinung Rücksicht zu nehmen beginne, und sie sind nicht halb die Rücksichtnahme wert, die die meinen verdienen.« In einem Brief an John, im Januar 1917, versucht Katherine ihm zu erklären, daß sie wieder einmal in Geldschwierigkeiten seien und die Mietkosten für eine gemeinsame Wohnung gar nicht zu erbringen wären. Zum Abschluß schreibt sie: »Hilf mir. Wann immer ich versuche, über all das mit Dir zu sprechen, hindert mich stets meine entschiedene Furcht, ich könnte Dich verletzen, daran, wirklich meine Meinung zu äußern... Sei nicht ungehalten über mich. Ich hasse es, all dies zu schreiben. Du weißt, daß ich Dich liebe.«

Unglaublich, möchte man rufen, wenn da nicht die Tatsache wäre, daß es fast normal erscheint, daß Frauen sich dafür bei ihren Partnern und Männern entschuldigen, wenn sie den Wunsch verspüren, über Sorgen zu sprechen, die sie letztlich beide betreffen. Diese Haltung, den Mann nicht belasten zu dürfen, wird auch in einem anderen Brief deutlich. Zu diesem Zeitpunkt steht bereits die Diagnose Tuberkulose fest, und Katherine weilt für einige Zeit in Südfrankreich, um sich zu kräftigen und zu erholen. Nach ihrer Rückkehr schreibt sie im

Mai 1918 in einem Brief an John F. Murry: »Meine ganze Sehnsucht, alle meine Träume und Hoffnungen waren einzig und allein, wieder bei Dir zu sein und – in mein Heim zurückzukehren. Bien! Ich kam, vernahm, wie krank ich sei, schien Dich kaum gesehen zu haben, es sei denn wie durch einen Nebel von Angst, fühlte, daß Du nur daran dachtest, mich wieder fortzuschicken, damit ich mich erholen könnte. Nun, das konnte ich begreifen, obwohl ich Dich bitte zu verstehen, was für ein entsetzlicher Schlag es für mich war … Ich fühlte auch: Er hat nicht das gleiche verzehrende Verlangen nach mir wie ich nach ihm. Er *kann* ohne mich leben … Kannst Du mich jetzt verstehen? Ist es etwas klarer geworden? Es gibt aber noch mehr zu sagen. Unsere Trauung: Du kannst Dir nicht vorstellen, was sie für mich bedeutet hat, das würde zu phantastisch klingen, nehme ich an. Ich stellte mir vor, sie würde leuchten in meinem Leben. Und in Wirklichkeit war sie schließlich nur ein Teil des ganzen Alptraums. Nicht ein einziges Mal hast Du mich in Deine Arme genommen und mich Deine Frau genannt.«

Wie viele Frauen teilen wohl diese Erfahrung, von ihm weggeschickt zu werden zur Erholung, weil ihre Krankheit, ihre Schwäche ihn bedroht. Er ist nicht darauf vorbereitet, in solchen Fällen den pflegenden, fürsorglichen Part zu übernehmen. In einem anderen Brief, den sie wahrscheinlich 1919 schrieb, wird sie diesbezüglich deutlicher: »Ich lehnte mich an Dich und habe Dir das Rückgrat gebrochen. In Wahrheit hattest Du, bis ich krank geworden bin, nie so sehr ›den Mann zu spielen‹, und es ist dies auch nicht Deine Rolle … Diese Krise hat uns wahrscheinlich immer bedroht, seitdem ich krank wurde und mich an Dich lehnte … Wie krank ich auch sei, Du bist kränker. Wie schwach ich auch sei, Du bist schwächer, weniger imstande, Unglück auf Dich zu nehmen … Liebe, dachte ich, könnte sogar das aushalten, Liebe, dachte ich, vermöchte die den anderen umgebende Isolierung zu durchbrechen, und ich glaubte, Liebende litten nicht einsam und allein.«

Wie wirkt das auf Sie, liebe Leserin? Wann haben Sie zuletzt diesen gleichen schmerzlichen Gedanken gehabt: »Aber ich dachte doch immer, daß Liebe …«? Wann fühlten Sie sich so bitter, so *getäuscht* in Ihren Liebeserwartungen? Vorgestern? Gestern? Heute? Einmal? Öfter?

Im Mai 1920, als die Krankheitssymptome, ein brodelnder, keuchender Husten und Atemnot, Katherine immer mehr quälen, schreibt sie an Dorothy Brett: »Und J. schweigt, hängt den Kopf, vergräbt das Gesicht in den Händen, als ob es unerträglich wäre. ›Daß sie mir so etwas antut! Jedes neue Geräusch zerrt an meinen Nerven!‹ Ich weiß, er kann nicht anders. Aber, o Gott! Wie falsch ist das! Wenn er mir auch nur für eine Minute helfen, mir beistehen, sich selbst vergessen könnte ...« Selbstvergessenheit und Mann – das scheint irgendwie nicht zusammenzupassen. Das klingt fremd und komisch im Ohr und im Gefühl. Den gleichen Begriff auf eine Frau anzuwenden bedeutet, ein anderes Bild zu beschwören. Da entstehen sanfte, weiche Farben, anschmiegsame Formen, Hingabe als Assoziation. Das geht viel glatter über die Zunge und bleibt im Kopf nicht sperrig und widerspenstig hängen. So zu empfinden, sind wir dressiert. Entgegen unserer Wahrnehmung und unseren Erfahrungen!

In dem Buch »Die Frauen Hemingways« von BERNICE KERT geht die Anhäufung der »Liebes- und Gehorsamsmuster«, die in der Beschreibung der verschiedenen Partnerinnen und Ehefrauen zum Ausdruck kommt, bis über die Grenze des Erträglichen. Einzig MARTHA GELLHORN, selbst als Journalistin, Korrespondentin und Schriftstellerin erfolgreich, fügte sich ihm nicht und trennte sich rechtzeitig. Die Tatsache, daß sie ihn verließ, dieser Akt von Selbstachtung und Selbstbehauptung, führte dazu, daß Hemingway sie zeitlebens wüst beschimpfte und sie herabsetzte, wann immer er die Möglichkeit dazu fand. Ganz anders seine letzte Ehefrau, MARY WELSH, die er als Korrespondentin der »Time« in London kennenlernte. Sie gab für ihn *alles* auf. Nicht nur ihre Arbeit, sondern auch sich selbst.

Ernest nannte sie zeitweise einen »Brosamenfresser und Dreckaufräumer«. Er machte sich einen Spaß daraus, sie vor anderen zu demütigen und bloßzustellen. Mary »tat, als ob« sie es nicht hörte oder sah. Sie blieb ihm ergeben.

Ein weiteres Buch, das sich ebenfalls mit der anderen Seite von

Liebesbeziehungen zwischen »genialen Männern« und ihren Frauen befaßt, ist das von FRANÇOISE XENAKIS geschriebene Buch »Frau Freud ist wieder mal vergessen worden!«. Der Untertitel lautet: Fünf fast erfundene Biographien. Die vorgestellten Frauen sind: Martha Bernays, die mit Sigmund Freud verheiratet war, Xanthippe, die Gattin des Sokrates, Adele Foucher, Victor Hugos Frau, dann Jenny, Baronin von Westphalen, die an der Seite von Karl Marx ihr Leben verbrachte, und schließlich Alma Schindler, besser bekannt als Alma Mahler-Werfel.

Um eine kleine Kostprobe von dem zu geben, was in diesem lesenswerten Buch zu erwarten ist, möchte ich ein Zitat aus einem Brief wiedergeben, den Gustav Mahler am 19. Dezember 1901 an seine zukünftige Gattin schrieb, eine junge Frau, die auf eine eigene Komponistinnenkarriere hoffte und bereits daran arbeitete: »Ich bitte Dich, Almschi, lies meinen Brief sorgfältig. Es darf nie um die Frage eines schnellen Flirts zwischen uns gehen. Bevor wir wieder miteinander reden, müssen die Dinge absolut klar sein. Du mußt wissen, was ich wünsche, was ich von Dir erwarte und was ich Dir geben könnte, was Du für mich sein mußt. Du mußt alle Oberflächlichkeit aufgeben (wie Du schreibst), jede Konvention, alle Eitelkeit und Einbildung (was ›Persönlichkeit‹ und ›Arbeiten‹ angeht)! Du mußt Dich mir bedingungslos hingeben, Dein zukünftiges Leben in jeder Einzelheit ganz nach meinen Bedürfnissen ausrichten und dafür nichts begehren außer meiner Liebe. Alma, ich kann Dir nicht sagen, wie sie ist, ich habe schon zuviel von ihr geredet. Aber ich kann Dir immer wieder sagen: Ich könnte mein Leben und mein Glück dem Wesen opfern, das ich liebe, wie ich Dich lieben würde, wenn Du meine Frau wärest.«

War dieser Mensch geisteskrank? Nein, natürlich nicht! Schließlich ist es Gustav Mahler, der diese Zeilen schreibt. Dieses musikalische Genie ist sich an keiner Stelle der Schizophrenie seiner Äußerungen bewußt, Äußerungen, die nur von seinem Mannsein Zeugnis ablegen, von nichts sonst; Sätze, die das »Liebeswunschprogramm« für ihn klar und deutlich umreißen, aber in jeder Hinsicht ein interessiertes und liebesvolles Eingehen auf die Person seiner zukünftigen Frau vermissen lassen. Ich bin sicher, daß ich in dieser Weise endlos fortfahren, diesen wenigen noch unzählige andere Beispiele hinzufügen könnte, die alle übereinstimmend belegen werden, daß Liebe für Frauen und für Männer zwei verschiedene Kontinente sind.

Ich möchte diesen Teil mit einem Zitat beenden, das ich dem Buch von GÖNDI LIEBERMANN »Spannungen« (Mein Leben mit Rolf Liebermann) entnommen habe. Als ich die Stelle, gleich zu Beginn des Textes, zum ersten Mal las, war ich für einige Augenblicke sprachlos. Sie schreibt: »Nach langen und qualvollen Gesprächen, die wir in den letzten zwölf Tagen geführt haben und die meinerseits meistens in Tränen erstickten, landeten wir einmal tief in der Nacht an folgendem Punkt. Flehend bat ich: ›Bitte hilf mir, habe eine Idee für mich.‹ ›Was heißt das?‹ ›Nachdem du mich in den letzten fünf Jahren langsam, aber sicher aus allen Bereichen deines Lebens hinausgeschmissen hast, mußt du mir irgendeinen Knochen zum Beißen geben. Ich bin es nun fast dreißig Jahre lang gewohnt, mich mit dir zu beschäftigen. In deinem letzten Brief hast du mir mit dem tödlichen Satz: Bitte, komme nicht nach Hamburg! das letzte bißchen Boden genommen, auf dem ich noch mühsam balancierte. Was soll ich tun?‹«

Und welche Idee hat er? »Ich hätte dir zwei Vorschläge zu machen: Entweder ich rede mit Buckwitz oder Juch und frage, ob sie Verwendung hätten für dich als Regieassistentin. Oder du schreibst meine Biographie.«

Frau Liebermann wählte, wie offenbar seit vielen Jahren geübt, die Beschäftigung mit ihm. Als Regieassistentin hätte sie vielleicht lernen können, selbst Regie zu führen, aber diese Möglichkeit konnte sie nicht ergreifen.

Wie schwierig es häufig für Frauen ist, Möglichkeiten von Selbstgestaltung oder Selbstbehauptung überhaupt wahrzunehmen, erfahren wir auch im nächsten Kapitel aus den Zuschriften der Frauen, die auf meine Annonce hin geantwortet oder sich mit dem verteilten Fragebogen beschäftigt haben.

III. Kapitel

Kein süßer Wahn – bloß ganz normal verrückt

»In meiner Jugend hatte ich immer das Gefühl, die Frauen würden unablässig belogen. Warum wußten sie das nicht?« schreibt ARTHUR MILLER in seiner Biographie »Zeitkurven«.

Der Autor, von dem wir wissen, daß er einige Jahre mit Marilyn Monroe zusammenlebte, damals das Idol von Weiblichkeit schlechthin, scheint ehrlich verblüfft darüber, daß Frauen sich so schwertun, diese für ihn (als Mann) unübersehbaren und offenkundigen Lügen zu durchschauen.

Miller, ein politisch-kritisch denkender und engagierter Mann, der Verfasser von »Tod eines Handlungsreisenden« und »Hexenjagd«, der in diesen Stücken auf subtile Weise und mit untrüglichem Gespür Lebenslügen und Verlogenheit von Moral aufdeckt und seziert, bleibt, was das erwähnte Zitat anbelangt, in einer männlichen Sichtweise stecken.

Seine Bemerkung trifft trotzdem mitten in das Zentrum eines Problems. Denn es sieht tatsächlich ganz so aus, als ob die Art und Weise, wie viele Frauen mit Liebe umgehen, sie nicht nur im sprichwörtlichen Sinne blind macht, sondern zu einer gefährlichen Eintrübung ihrer Wahrnehmungsfähigkeit führt, einer Vernebelung im Kopf, die das Unvermögen erzeugt, die eigene Situation kritisch und klar zu erfassen. Diese »Verdummung«, die nichts mit dem IQ oder dem Bildungsniveau einer weiblichen Person zu tun hat (wie ich aus meinen Therapiegesprächen mit Frauen weiß, können hochqualifizierte Akademikerinnen im gleichen Maß davon betroffen sein wie »Nurhausfrauen«, Arbeiterinnen und Angestellte), bewirkt unter anderem, daß aus bedrohlichen Tatbeständen in Liebesbeziehungen, Partnerschaften und Ehen keine notwendigen Schlüsse gezogen und diese in befreiende Handlungen umgesetzt werden können.

Bereits SIMONE DE BEAUVOIR schrieb in ihrem Buch »Das andere Geschlecht«, in einem Kapitel über die Liebe: »Jede wirkliche Liebende ist mehr oder weniger eine Paranoikerin... Einer der ständigen Züge des Liebeswahns besteht darin, daß das Verhalten des Geliebten rätselhaft und widerspruchsvoll erscheint. Auf diesem Umweg gelingt es der Kranken immer, den Widerstand der Wirklichkeit zu brechen.«

Alle meine Erfahrungen legen nahe, in dieser verbreiteten

»Krankheit« nicht die verrückten Entgleisungen einiger oder vieler Frauen zu sehen, sondern das beabsichtigte Resultat der Weiblichkeitsdressur. Solange Mädchen von klein auf am Vorbild der Mutter und anderer Frauen erleben müssen, daß diese Einschränkungen, Ausbeutung und Unterdrückung von Männern »aus Liebe« hinnehmen, werden sie es schwer haben, die Realität wahrzunehmen. Die in der Erziehung zur Weiblichkeit integrierte Anleitung zum Liebenlernen wird für Mädchen häufig zur systematischen Gewöhnung daran, sich mit Widersprüchen abzufinden, anstatt sie aufzudecken und zu lösen. Sie erhalten im Verlaufe dieses Prozesses nicht kritisches Instrumentarium für Kopf und Herz, das ihnen helfen würde, die Wirklichkeit zu gestalten, sich wehren zu lernen und Ungeheuerlichkeiten beim Namen zu nennen, sondern werden schrittweise daran gewöhnt, daß Diskriminierung von Frauen »normal« ist, so daß sie letztlich kaum mehr imstande sind, die Mißstände zu erkennen.

»Männlichkeit und Weiblichkeit sind historische Geschlechtskrankheiten«, schreibt Christina Thürmer-Rohr in ihrem Buch »Vagabundinnen«. Mir erscheint es notwendig, sie darüber hinaus als spezifische Formen von Geisteskrankheit zu begreifen, die jedoch nicht als solche diagnostiziert werden, weil sie die wichtige Funktion haben, das übergreifende Wahnsystem = Patriarchat zu stützen und als Normalität aufrechtzuerhalten. Frauen und Männer, die den Gehorsam gegenüber den traditionellen Geschlechterrollen verweigern, laufen durchaus Gefahr, als »nicht richtig« oder gar »verrückt« abgestempelt zu werden.

Während in der herkömmlichen Psychologie und Psychiatrie Personen mit Parataxien (Wahrnehmungsstörungen) als behandlungsbedürftig gelten, gilt der »Liebeswahn« von Frauen, ihre durch Gehorsam und Liebenmüssen verzerrte Wahrnehmung mit Selbsttäuschungen wie »der Mann, der mich schlägt, ist nicht der Mann, den ich liebe«, als nicht bemerkenswert, sondern völlig akzeptabel. Im Gegenteil, Grund zur Beunruhigung ist nur dann gegeben, wenn Frauen sich der Bewertung durch den »männlichen Blick« verweigern und eigene Wege gehen.

Die Annahme, daß zum Beispiel in sozialistischen Ländern Frauen von dieser »Krankheit« verschont bleiben, ist unbegründet. Es sieht ganz so aus, als ob es sich um ein gesellschaftlich und kulturell übergreifendes Phänomen handelt. So schildern CAROLA HANSSON und KARIN LIDEN in ihrem Buch »Unerlaubte Gespräche mit Moskauer Frauen«, daß diese zwar über ihre Mehrfachbelastungen sprachen, aber in einem Atemzug die Männer entschuldigten. Es waren Frauen unterschiedlicher Altersstufen und Berufe, die eine Wirklichkeit beschrieben, die keineswegs Gleichstellung von Frauen und Männern beinhaltet. Auch im Sozialismus sind Frauen für die Hausarbeit und Kindererziehung zuständig. Sie sollen schön, lieb und geduldig sein und ihren Männern ein angenehmes Heim schaffen. Doch während sie über ihre Situation erzählten, fiel ihnen nicht auf, wie weit ihre Wirklichkeit und die offizielle Ideologie auseinanderklaffen. Die Autorinnen schreiben: »Wir waren darüber verwundert, daß Frauen, die über offenbare Ungerechtigkeiten berichteten, gleichzeitig abstreiten konnten, daß diese Ungerechtigkeiten Probleme seien, die einer Diskussion mit anderen Frauen wert sind. Wir kamen zu der Ansicht, die Widersprüche als eine nahezu schizophrene Vorstellung von der Wirklichkeit zu deuten.«

Lange bevor die Auseinandersetzung mit dem Zusammenhang von weiblicher Liebe und Gehorsam zu einer zwingenden Notwendigkeit für mich wurde, war die Beschäftigung mit diesem Thema Bestandteil meiner täglichen therapeutischen Arbeit. Besonders im Umgang mit Frauen fiel mir auf, daß der Inhalt der Therapiegespräche häufig um *ihn* kreiste (anderes beliebtes Thema sind die Kinder), während die Frauen deutliche Mühe zeigten, zu ihrem eigenen Anliegen zu kommen. Wenn ich darauf bestand, wenigstens zeitweise Männer und Kinder aus dem (Gesprächs-)Raum zu entfernen, um die Möglichkeit zu schaffen, gemeinsam die Person kennenzulernen, die nicht nur für andere, sondern für sich selbst existiert, mit eigenen Wünschen und Vorstellungen, aber auch Schwierigkeiten, zeigten sich viele Frauen ratlos. Nur wenige waren erleichtert, endlich einmal zu sich selbst zu kommen. Die meisten klagten anfangs über ein Gefühl von Leere und darüber, daß sie buchstäblich nicht wußten, welches Gefühl sie für sich selbst hatten. Sätze wie: »Mir fällt zu mir nichts ein« oder: »Ehrlich gesagt, weiß ich gar nicht, was ich will« waren keine Seltenheit. Ihre Liebesarbeit in den Beziehungen hatte dazu geführt, daß sie sich selbst als eigenständige, konturierte Personen verloren hatten, falls sie je vorher zu dieser Empfindung fähig waren.

Es ist selbstverständlich, daß die Unterstützung und Hilfe, die ich den Frauen bieten oder nicht geben konnte, in engem Zusammenhang zu meiner eigenen Entwicklung stand (und steht). Obwohl mein Blick, durch Frauenbewegung und feministische Literatur geschult, durchaus kritisch war, fehlte ihm angemessene Radikalität. Offenbar war ich selbst noch nicht wirklich frei von alten Liebes- und Gehorsamsmustern, um zum Beispiel den dominierenden Wert, den das Thema »Mann« und »Liebe« für die meisten Frauen hat, grundsätzlich zu hinterfragen. Auch ich lief immer wieder Gefahr, es »in Ordnung«, »normal« und »richtig« zu finden, daß Frauen fast permanent damit beschäftigt sind, sich zu fragen, was in ihren jeweiligen Beziehungen zu Männern nicht stimmt, auf welche Weise sie ihre Partner zu mehr Offenheit, Nähefähigkeit, Gesprächsbereitschaft usw. bewegen könnten.

Eines Tages hatte ich, kurz bevor ich mit der Arbeit anfing und den Türdrücker betätigte, um eine Person hereinzulassen, die Assoziation, daß der Art, wie Frauen mit Liebe umgehen, mitunter auch etwas Mechanisches anhaftet. So als ob sie daran gewöhnt wären, »per Knopfdruck« Liebesleistungen erbringen zu müssen. Das Bild stieß mich enorm ab, setzte aber gleichzeitig einen Denkprozeß in Gang, der mich sicher für den Rest meines Lebens weiter beschäftigen und wachhalten wird.

Ich spürte, daß diese unangenehme Assoziation eine Wahrheit enthielt, der ich mich stellen mußte. Im Mai 1984 hatte ich unter dem Titel »Berührungen. Gespräche über Sexualität und Lebensgeschichte« ein erstes Buch veröffentlicht und war nun auf der Suche nach einem neuen Stoff. Etwa zum gleichen Zeitpunkt lud Wilfried, der damals an der Lessing-Hochschule Berlin Vorträge zum Thema »Reaktionen des Mannes auf die sich befreiende Frau« hielt, mich zu einem Podiumsgespräch ein. Der Abend sollte unter dem Motto stehen: »Was müssen Männer lernen?« Bei der Vorbereitung kam mir die Idee, auf die belebte Straße, an der wir damals wohnten, zu gehen, um Frauen und Männern diese Frage zu stellen. Dabei machte ich eine interessante Entdeckung: Fast alle Frauen, die ich ansprach, reagierten spontan so, als ob sie tief Luft holen wollten, um eine Menge zu erzählen, dann aber innehielten und den Eindruck erweckten, daß alle Gedanken wie weggefegt waren. Einige sagten fast wortwörtlich dasselbe, nämlich: »Ich weiß, daß es ganz viel gibt, was ich dazu sagen könnte, aber es fällt mir im Augenblick nicht ein. Mein Kopf ist ganz leer geworden.« Mir war klar, daß diese offensichtliche »Denkhemmung« nicht Ausdruck mangelnder Intelligenz oder Sprachschwierigkeiten sein konnte, sondern mit der spezifischen Art von Gehorsam zusammenhängen mußte, den Frauen »aus Liebe zum Mann« nicht mehr erkennen konnten.

Die Empörung über diese Tatsache und die etwas bange Frage, inwieweit ich selbst von dieser »Verdummung« betroffen war, ließen mich nicht mehr los, und ich machte mich an die Arbeit. Trotz aller Entschlossenheit merkte ich sehr bald, daß die Unternehmung viel schwieriger war, als ich dachte. Von Anfang an spürte ich Ambivalenz und einen inneren Widerstand, was dazu führte, daß ich mich zeitweise in einer mir bis dahin unbekannten Art dumpf und blöde im Kopf fühlte. Es machte mich wütend und beschämte mich gleichzeitig, daß ich trotz meiner Bemühungen nicht imstande sein sollte, einen emotionalen, inneren Erkenntnisprozeß aus seiner Sprachlosigkeit zu befreien.

Was hinderte mich am Denken und Schreiben? Was war los mit mir? Zeitweise kam es mir vor, als ob ich etwas wußte, was ich nicht wissen sollte. Andererseits begann ich mich mißtrauisch zu beobachten, ob ich das, was ich in mir als Wissen spürte, im Grunde doch nicht zur Kenntnis nehmen wollte. Ohne es mir bewußt zuzugestehen, ahnte ich intuitiv, daß die Beschäftigung mit diesem Thema zwangsläufig Auswirkungen auf meine eigene Partnerschaft haben und möglicherweise zu schwer einschätzbaren Konflikten führen würde. Aus einer späteren Distanz heraus konnte ich erkennen, daß mir der notwendige Verlust von liebgewordenen Illusionen und Selbsttäuschungen sehr schwerfiel und ich einen unsichtbaren, zähen Kampf führte, doch wenigstens irgend etwas von dem behalten zu dürfen, was mir bis dahin so sinngebend und wertvoll war.

In diese widersprüchlichen Bewegungen verstrickt, fühlte ich mich zeitweise wie jemand, der mit Bleigewichten an den Füßen und einer schwarzen Binde vor den Augen zu einer gefährlichen Expedition aufbricht und der spürt, daß aus dem ganzen Unternehmen nichts wird, wenn er den Ballast nicht loswerden kann. Es gab Tage beim Schreiben, an denen ich wie narkotisiert vor der Schreibmaschine saß, nichts als Watte im Kopf und trotzdem innerlich angespannt wie eine Läuferin vor dem Startzeichen – mit dem einen Unterschied, daß ich mir das Zeichen nicht geben konnte. Behinderungen bei der Arbeit stellten nicht nur die eigenen Abwehrmechanismen dar, sondern auch die indirekte Befürchtung, daß irgendeine Störung in meiner Umwelt das Projekt sabotieren könnte.

In dieser Zeit halfen mir die Gespräche mit Wilfried und Freunden nur zum Teil. Wenn ich erstaunt zu hören bekam: »Was willst du denn? Du bist doch gar nicht gehorsam, wieso beschäftigt dich das Thema so?«, war ich hellwach und voller Mißtrauen. Es gab tatsächlich Ereignisse, die meine Aufmerksamkeit ablenkten und beanspruchten. Wir mußten plötzlich und unerwarteterweise umziehen, meine Mutter wurde schwer krank und brauchte eine Weile meine Pflege und Unterstützung, und Wilfried verliebte sich, nachdem wir sechzehn Jahre zusammengelebt hatten, zum ersten Male ernsthaft in eine andere Frau.

Zunächst betrachtete ich diese Verliebtheit als einen gelungenen Sabotageakt, sozusagen einen Frontalangriff auf meine Arbeit. Aber in Wirklichkeit war die Situation vielschichtiger und komplizierter, denn Wilfried arbeitete zum damaligen Zeitpunkt ebenfalls an seinem Buch. Ich hatte ihn sehr dazu ermutigt, das Thema zu bearbeiten, aber da die Auseinandersetzung für ihn keineswegs nur theoretischer Natur war und das

Material immer umfangreicher wurde, schien ihm die Sache zeitweise über den Kopf zu wachsen. Eine Verliebtheit war, mit anderen Worten, die ideale Möglichkeit, vor seiner Aufgabe zu flüchten. Wenn wir darüber sprachen, wurde deutlich, daß er das alles selber wußte. Mein anfängliches Gefühl von Schmerz, Irritation und Ärger wich ziemlich bald einer heftigen Neugier, wie wir mit dieser Situation umgehen würden: eine Herausforderung, die mich zwar beunruhigte, aber auch reizte, zumal ich besonders zu Beginn unserer Beziehung unter starken Eifersuchtsgefühlen gelitten hatte. Wilfried wirkte trotz seiner Verliebtheit keineswegs unbeschwert glücklich. Er befürchtete, daß ich ihn verlassen könnte, und das machte ihn ängstlich und unsicher.

Wir vereinbarten in vielen intensiven Gesprächen, daß Wilfried versuchen sollte, diese Beziehung ohne Heimlichkeit zu leben, er aber auch weiterhin mit Anforderungen und Wünschen von meiner Seite rechnen müßte. Manche unserer Freunde hielten uns für etwas waghalsig, begannen aber selber darüber nachzudenken, wie sie in einer ähnlichen Lage handeln würden. Für mich war ganz entscheidend, daß ich Wilfrieds echte und tiefe Zuneigung in dieser Zeit besonders intensiv spürte und mir keineswegs betrogen oder vernachlässigt vorkam. Trotzdem kam nach ungefähr vier Monaten ein Zeitpunkt, an dem ich für mich beschloß, für eine Weile wegzugehen oder auszuziehen, um ungestört weiterarbeiten zu können. Als ich Wilfried diesen Vorschlag unterbreitete, war das für ihn der letzte Anstoß, die Beziehung aufzugeben, zumal auch die andere Frau mit ihrer Situation nicht mehr zufrieden war. Während dieser ziemlich aufregenden Zeit telefonierte ich einmal mit meiner Mutter, die auf meine Schilderung der Ereignisse mit der Bemerkung reagierte: »Das ist ja kompliziert. Paß nur gut auf Wilfried auf!« Die Absurdität dieser Aussage reizte mich zum Lachen. Nicht um mich war sie in Sorge, sondern um meinen verliebten Partner. Mit diesem Satz war ich wieder mitten in der Kindheit.

Schließlich ließ ich keinerlei Störung mehr gelten und brachte ungefähr zwei Jahre damit zu, meinen eigenen Gehorsamsmustern in der Liebe nachzugehen, die Spur meiner Entwicklung zur Frau unter diesem Aspekt zurückzuverfolgen. Je mehr ich mich darin übte, auf harmonisierende Beschwichtigungsstrategien zu verzichten und genau hinzuschauen, desto klarer wurde mir, daß es in erster Linie die Liebe ist, die Frauen zu »Mittäterinnen« im privaten und gesellschaftlichen Bereich werden läßt. Die politische Dimension des Zusammenhangs zwischen dem Liebes-Macht-Monopol der Frauen und dem Gewalt-Macht-Monopol von Männern war unübersehbar. Im Oktober 1987 war ich soweit, erste Arbeitsergebnisse unter dem Gedanken »Zur Symbiose weiblicher Liebe und männlicher Gewalt« an der Lessing-Hochschule in Berlin zur Diskussion zu stellen. An den drei Abenden, an denen ungefähr dreihundert Personen kamen und – wie meist bei solchen Themen – die Frauen in der Mehrheit waren, verteilte ich ein Schreiben mit folgendem Inhalt:

Achtung! Betrifft Frau
Liebe + Gehorsam = Verbundenheit?

Hast du in deiner Entwicklung zur Frau erlebt, daß deine Art zu lieben häufig mit Gehorsam zu tun hat? Kennst du Momente in Liebesbeziehungen, wo dich etwas scheinbar zwingt, »Ja« zu sagen, obwohl du »Nein« fühlst, denkst und möchtest?
Wird deine Haltung mitunter von einem »Mechanismus« bestimmt, die Verbundenheit in einer Beziehung unter fast allen Umständen aufrechterhalten zu müssen?
Welche Erfahrungen, Erlebnisse und Eindrücke werden bei dir im Zusammenhang mit diesem Thema wach? Kennst du deine persönlichen Gehorsamsmuster? Wie bestimmen sie heute deinen »Liebesalltag«? Da ich inzwischen aus eigener Erfahrung weiß, wie rasch Gefühls- und Denkblockaden bei dem Versuch auftreten, die Dinge beim Namen zu nennen, habe ich einige Fragen formuliert, die vielleicht das Herangehen erleichtern.
Erinnerst du dich an frühe Gehorsamserlebnisse aus der Kindheit?
Welche Person hat mehr Anpassung und Gehorsam von dir verlangt, die Mutter oder der Vater?

Wie sahen die Anforderungen aus?
Welche Strafen wurden bei Nichtbefolgen angedroht oder durchgeführt?
Wie hast du dich selbst erlebt, während du gehorchtest?
Wie wurde in deiner Familie über Frauen gesprochen? Über Liebe, Sexualität, Feminismus und Emanzipation?
Wie war der weltanschauliche Hintergrund deiner Erziehung? Welche Rolle spielten Politik und Religion?
Wie und wann hast du deine Eltern gehorsam/ungehorsam erlebt? In ihrer Beziehung zueinander und im Kontakt zur Umwelt?
Hast du im Laufe deiner Entwicklung zur Frau die kindlichen Gehorsamshaltungen beibehalten, verändert oder abgelegt?
In welchen Situationen und bei welchen Personen erlebst du dich heute besonders angepaßt und gehorsam?
Wann sagst du »Ja«, obwohl du »Nein« meinst?
Wie sieht dein Gehorsam bzw. Ungehorsam in deiner jetzigen Partnerschaft, Ehe oder Beziehung zum Mann überhaupt aus? Im täglichen Umgang? Bei gemeinsamen Aktivitäten? In Verbindung mit Gesprächen? Im Hinblick auf Zärtlichkeit und Sexualität?
Ich bin feministische Therapeutin und arbeite an diesem Thema, weil ich es für außerordentlich wichtig halte, den spezifischen weiblichen Liebesmustern auf die gefährliche Spur zu kommen. Bewußtwerdung ist eine notwendige Voraussetzung für jeden Schritt von Veränderung. Wenn du aufschreibst, was dir zu den Fragen einfällt, ist mir das eine große Hilfe. Hilfreich wäre die Altersangabe und ein kurzer Hinweis auf deine aktuelle partnerschaftliche und berufliche Situation.

Zusätzlich gab ich etwa zum gleichen Zeitpunkt in verschiedenen Zeitungen (Brigitte, Emma, Taz) eine Annonce mit gekürztem Inhalt auf und war sehr gespannt auf das Ergebnis. Ich rechnete zuversichtlich mit einer Flut von Rückantworten, während Wilfried damals skeptisch meinte: »Wenn du zwanzig Zuschriften bekommst, kannst du schon sehr zufrieden sein.« Seine Bemerkung löste einen Streit aus, denn ich war wütend und unterstellte ihm, mich mit solchen Äußerungen behindern zu wollen. Aus Protest kaufte ich mir einen riesigen türkisfarbenen Ordner, der eine Menge Platz enthielt, und wartete auf die Flut von Briefen. Lange Zeit kam gar nichts, und dann tröpfelte es nur so. Wilfrieds Einschätzung war realistischer als meine, denn ich erhielt nach mehreren Monaten Wartezeit insgesamt 26 Briefe. Letztlich bewies mir das magere Resultat besonders kraß, daß die konkrete Aufforderung an Frauen, sich mit ihrem Gehorsam in der Liebe zum Mann auseinanderzusetzen, bei den meisten auf ein Tabu stößt.

Offenbar begeben sich besonders Frauen auf ein gefährliches Terrain, wenn sie beginnen, die Existenz von Liebe zwischen den Geschlechtern unter den jetzigen Bedingungen radikal zu hinterfragen. Die Bedrohung scheint nicht primär die konkreten Beziehungen zu betreffen (»beim nächsten Mann wird alles ganz anders«), sondern die eigene Identität (worin besteht sie, wenn frau nicht mehr Expertin für Liebesdienste sein will?).

Obwohl es nicht sehr viele Zuschriften sind, die ich erhielt, und sie nicht in einem statistischen Sinne als repräsentativ gelten können, liefern sie trotzdem eindeutige Hinweise dafür, wie die Liebeswirklichkeit von Frauen milchstraßenweit entfernt ist von jenen romantisch verklärten Bildern, die in unseren Köpfen spuken. Vielleicht werden sich manche Leserinnen (vor allem aber männliche Leser) angesichts der Texte fragen, was das alles mit Liebe zu tun hat. Es scheint nichts Besonderes mitgeteilt zu werden, weil wir daran gewöhnt sind, daß Frauen im Zusammenhang mit Liebe eher über ein unfangreiches Arbeits- und Dienstleistungsprogramm sprechen, eher über Akte von Anpassung, über Schuldgefühle und Ängste als über Erlebnisse von Glück, emotionaler Sicherheit, sexueller Lust und Freude.

Ich bin ziemlich sicher, daß alle Frauen, die hier von sich erzählen, anfangs glanzvolle Hoffnungen in sich trugen, daß sie ihre Liebe als einen kostbaren Schatz empfunden haben und der magischen Anziehung des Versprechens auf Erfüllung schöner Träume nicht widerstehen konnten. Sie werden Intensität und beglückende Erregung erwartet haben, rauschhafte Lust und zärtliche Verschmelzung. Und ganz sicher war da auch der

Wunsch, daß die Erwiderung ihrer Liebe sie zu einer einmaligen, unverwechselbaren Person machen würde.

Wenn auch jede einzelne Aussage für sich steht (bis auf wenige Ausnahmen, in denen ich Textstellen thematisch einander zuordnete, sind die Briefe hier wortwörtlich wiedergegeben), Lebensalter, berufliche Situation und private Bedingungen der Schreiberinnen unterschiedlich sind, wird doch deutlich, daß die scheinbar individuelle Liebe für viele Frauen Stereotypen enthält, eine stete Wiederkehr des Gleichen.

Bemerkenswert sind die Schilderungen auch bezüglich ihrer Komplexität. Es wäre interessant, zu vergleichen, wie die Antworten von Männern zum gleichen Thema ausfallen würden. In seinem Buch »Männer lassen lieben« schreibt WILFRIED WIECK, daß das »Ich liebe dich« eines Mannes im Grunde meint: »Ich liebe es, von dir geliebt zu werden.« Diese Haltung impliziert eine gänzlich andere Optik als die der Frauen, die weniger den Mut haben, sich zu fragen, was sie in der Liebesbeziehung bekommen, als mit Schuldgefühlen beschäftigt sind und der Frage, ob sie wirklich genug und ob sie ihm das Richtige geben. Es bleibt den Leserinnen und Lesern überlassen, ihre eigenen Schlüsse zu ziehen. Für mich ist es kein Zufall, daß wesentliche Details bei den meisten Frauen übereinstimmen. Der Extrakt dieser Schilderungen besteht für mich in folgendem:

1. Das Vorbild der Mütter ist immer noch maßgeblich durch ihre Versorgerinnenrolle geprägt, durch ihre selbstverständliche Präsenz in der Familie und daß sie trotz Äußerungen von Unzufriedenheit weiter zur Verfügung stehen und sich nicht wirklich abgrenzen und wehren. Immer noch werden die Mädchen in diese Liebesarbeit einbezogen, anders als die Brüder. Mädchen scheinen keine eigenständigen Personen zu sein, sondern nur der verlängerte Arm der Mütter. Auch widerwillige Mütter leben ihnen vor, daß die Wünsche und Bedürfnisse anderer wichtiger sind als die eigenen. Dieses Faktum wird nicht als Problem oder Mangel wahrgenommen, sondern verschleiert und moralisch glorifiziert. Es wird deutlich, daß die Väter meist die unerreichbaren Personen in der Familie sind, die mit Vorsicht behandelt werden müssen, die unterhalten, beschwichtigt, beru-

higt und bedient sein wollen. Am Vorbild der Mütter erleben die Mädchen das Warten auf den abwesenden Mann. Warten wird eingeübt.

2. Der »Dressurakt, Frau zu werden« findet nicht in einem wertfreien Raum statt, sondern die patriarchalische Ideologie und nicht selten ein religiöses Weltbild bieten den rigiden Bezugsrahmen für Werte und Leitbilder. Erziehung, vor allem die von Mädchen, ist immer noch eine Erziehung zum Gehorsam. Die von ALICE MILLER in ihrem Buch »Am Anfang war Erziehung« an vielen Beispielen geschilderte »Du sollst nicht merken«-Strategie gehört nicht der Vergangenheit an. Trotz der Flut von psychologisch-pädagogischen Schriften und der sogenannten »antiautoritären Erziehung« der 68er Jahre bilden Erlebnisse von Zwang, Gewalt und Bestrafung den Alltag von Kindern und Eltern. Immer noch werden Mädchen so »anständig« erzogen, daß sie Mühe haben, sich zu wehren.

3. Frauen, die in dem Bewußtsein leben, unangepaßt zu sein und sich durchsetzen zu können, verstehen nicht, warum das in ihrem Liebesleben so schwierig ist und oft ganz unmöglich erscheint. Daran wird deutlich, daß, solange die gespaltene Wahrnehmung, die innere Verwirrung stiftet, nicht als solche identifiziert wird, auch keine Befreiung möglich ist. Widersprüche bleiben unauflösbar.

4. Frauen werden von ihren eigenen, ganz selbstverständlichen Wünschen so sehr bedroht, daß sie diese verunklaren. Sie greifen auf unterschiedliche Abwehrmechanismen zurück, um sich nicht Problemen konflikthafter Auseinandersetzung zu stellen. Es wird deutlich, daß ihre Haltung, für andere dazusein, unmittelbar mit der Stabilisierung ihrer Identität zusammenhängt. Liebesdienste werden auch zur eigenen Sicherheit erbracht, wobei das Gefühl innerer Unzufriedenheit von dem Gefühl, »moralisch richtig zu sein«, meistens beherrscht wird.

5. Unübersehbar ist, daß der innere Raum von Frauen damit angefüllt ist, »für ihn richtig sein zu wollen«. Er nimmt quasi alles in Beschlag. Die Bereitschaft, sich seinen Wünschen entsprechend formen zu lassen, geht sogar so weit, daß Frauen »ihm zuliebe« mit einer Therapie beginnen: der »Rohstoff

Frau« (Christina Thürmer-Rohr), der sich bereithält, unendlich formbar (und verformbar) zu sein, damit er sich geliebt fühlen kann.

6. In allen Familien, von denen hier die Rede ist, haben viel zu wenig wirkliche Gespräche stattgefunden, so daß auch häufig die Erfahrung fehlt, wie Konflikte offen ausgetragen und zu einer befriedigenden Lösung geführt werden können.

7. Die Verknüpfung von Liebe und Gehorsam besonders in Verbindung mit der eigenen Sexualität wird zu einem schier unauflösbaren Problem. Alle Frauen, die sich darüber äußern, lassen erkennen, daß ihnen besonders in dieser Hinsicht ein klares, selbstbestimmtes Gefühl fehlt. Der Umgang mit eigenen Phantasien ist mit Schamgefühlen und Unsicherheit besetzt, auch mit der Furcht, ihm zuviel Bemühung zuzumuten. Die Frauen scheinen wie unter einem Zwang zu handeln, wenn sie sich auf sexuelle Wünsche der Männer beziehen, die diese nicht einmal ausgesprochen haben. Es ist weniger von Genuß, gegenseitiger und gemeinsamer Lust die Rede, geschweige denn von fröhlicher Sinnlichkeit, als von dem Druck, es bloß richtig zu machen. Die Furcht schwingt mit: Wenn ich es nicht mache, dann wird es eine andere Frau tun.

IV. Kapitel

Liebe zwischen Traum
und Wirklichkeit
Frauen schildern den Gehorsam
in ihrem Liebesalltag

>*Ich habe immer gedacht:*
Mein ganzes Leben ist nur Ungehorsam«

ELSE L.: Ich bin 30 Jahre alt, war Industriekauffrau und studiere jetzt Linguistik; ich habe einen Sohn von vier Jahren.

Ich habe mich immer für ungehorsam und aufsässig gehalten. Zu Hause hieß es immer, daß ich trotzig, bockig und rebellisch sei. Eben ungehorsam. Ganz früh wurde ich so abgestempelt, besonders von meiner Mutter. Und ich war auch oft aufsässig und ungehorsam den Eltern gegenüber.

Aber diese andere Seite, daß ich oft aus Liebe gehorsam bin, das habe ich gar nicht gewußt. Das ist mir jetzt erst aufgefallen, seit ich mich mit dem Fragebogen beschäftige und darüber nachdenke, wie das bei mir eigentlich aussieht. Und jetzt stelle ich fest, daß ich als Frau oft ganz brav, anständig und gehorsam bin. Das habe ich gar nicht gewußt, daß das überall präsent ist: in der Beziehung zu meinem Partner, bei meinem Sohn, bei Freunden, in der Wohngemeinschaft, eigentlich überall.

Mir ist da mit Schrecken ein Erlebnis aus meinem letzten Sommerurlaub in Portugal eingefallen. Wenn ich jetzt daran denke, kommt eine ungeheure Wut, aber auch Scham in mir hoch, daß ich mir so was habe bieten lassen. Ich wollte mit MAX, meinem kleinen Sohn, von einer Stadt in die andere trampen, und wir stehen auf der Straße, mitten am hellen Tag. Es hält auch ein Auto an und will uns mitnehmen. Der Fahrer fragt mich (ich spreche fließend Spanisch), wieviel ich haben will. Ich kapiere erst gar nicht, was der meint. Die Situation ist so verrückt: Ich stehe da mit meinem Sohn, will einfach nur trampen, und der erste Mann, der anhält, fragt quasi, wieviel es kostet, wenn er mit mir Sex machen kann. Und nun kommt das eigentlich Schlimme für mich. Ich habe natürlich ganz mechanisch »Nein, danke« gesagt, aber ich habe noch *danke* gesagt, war wie gelähmt, völlig unfähig, wütend zu werden oder den zu beschimpfen, was ihm eigentlich einfällt.

Er fuhr dann weiter, und ich stand da wie betäubt, unfähig, einen klaren Gedanken zu fassen, so unglaublich und ungeheuerlich fand ich das.

73

Normalerweise kann ich schon kämpferisch sein, zum Beispiel in der politischen Arbeit oder auch bei Diskussionen, aber in diesem Zusammenhang war ich völlig ohnmächtig. Wenn ich an diese Sprachlosigkeit denke, wird mir jetzt noch schlecht. Mein Sohn hatte natürlich mitbekommen, daß da was nicht stimmte, und mich gefragt, was der Mann wollte. Ich habe ihm dann erklärt, warum wir nicht mitgefahren sind, und es hat mich ein bißchen getröstet, daß Max mich ganz lieb und ernst angesehen hat und meinte: »Gell, Else, der Mann war blöd.« Vielleicht hätte ich die ganze Geschichte total verdrängt und vergessen, aber im Zusammenhang mit diesen Fragen nach dem »Tu's ihm zuliebe« ist mir das in den Sinn gekommen.

Offenbar fällt es mir besonders im Zusammenhang mit Sexualität ungeheuer schwer, mich selbstbestimmend und klar zu verhalten. Mit Gehorsam hätte ich das nie in Zusammenhang gebracht.

Es gibt noch ein Erlebnis, das mir jetzt einfällt:

Ich bin mit Berliner Kindern und Betreuern auf Fahrt. Wir zelten, die Stimmung ist trotz Regen nicht schlecht. An einem Abend besuchen die Betreuer noch ein Lokal, und spät nachts, in weinseliger Stimmung, schlendern wir zurück ins Lager.

L., sehr anschmiegsam an diesem Abend, nimmt mich in den Arm und schmiegt sich an mich. Mir ist das unangenehm, aber ich sage nichts.

Wir setzen uns ans ausglühende Lagerfeuer und betrachten die Sterne. Weindösig und müde, würde ich am liebsten ins Bett gehen. Aber ich bleibe sitzen. L. hält mich umschlungen und streichelt mich zärtlich. Ich bin in Abwehrhaltung, aber ich wehre nichts ab. Er bedrängt mich nicht; ich bräuchte nur ein Wort zu sagen, und die Geschichte hätte ein Ende. Aber ich schweige.

Er fängt an, mich am Hals zu küssen. Ich friere, weil es mir unangenehm ist. Er sucht meinen Mund, ich küsse mechanisch mit. In Gedanken bin ich bei meinem Freund und überlege, was er sagen würde, wenn wir darüber sprechen.

L.'s Atem klingt erregt. Ich fühle Nervosität, äußere nichts. Er fragt, ob wir nicht lieber in seinem Zelt weiterkuscheln wollen.

Ich zögere, er sagt mit Betonung »kuscheln meine ich«, und ich sage »ja« und meine »nein«.

Wir sind in seinem Bett im Zelt. Er ist dicht bei mir und streichelt mich. Er ist erregt. Ich liege da kalt und leer, spüre seinen Körper, der mir gar nichts sagt und der mich nicht erregt, der mich sogar ein bißchen abstößt. Ich mache alles mit und lasse alles mit mir machen. Er bleibt »fair«, bedrängt mich nicht, mit ihm zu schlafen, trotzdem habe ich das Gefühl, daß ich das muß.

Er läßt mich seine Erregung spüren, und ich kämpfe gegen ihn an. Die Berührungen finde ich furchtbar, wie überhaupt alles, was passiert. Ich wehre nur ab, und schließlich sage ich: »Merkst du, daß ich gegen dich ankämpfe?« Er sagt ja und fragt, ob wir schlafen sollen. Ich sage ja und bin erleichtert. Am liebsten würde ich jetzt in mein Zelt gehen. Es ist mir unangenehm, neben ihm zu liegen.

Ich bleibe liegen, drehe mich zur Seite. Er schmiegt sich an mich. Wir könnten jetzt einschlafen, aber nun beginne ich, wie durch Geisterhand, ihn zu streicheln. Er geht zaghaft darauf ein. Ich werde erregt und zeige die Erregung. Wir liegen Rücken an Bauch. Ich provoziere ihn durch meine Bewegung, meine Möse zu streicheln, was mich immer noch erregt. Auch er ist nun sehr erregt. Ich streichle seinen Penis.

Alles passiert ohne meinen Willen und doch nur durch mich. Ich überlege, ob ich mit ihm schlafe, meine Erregung läßt sofort nach. Ich sage ihm, daß ich nicht verhüte, und er fragt mich, ob er einen »Überzieher« holen soll. Ich gebe erst keine Antwort, sage dann ja, meine immer noch nein. Er spürt, daß etwas nicht stimmt, und fragt: »Willst du das wirklich?« Ich schäme mich und sage: »Nein«. Er sagt: »Das brauchst du doch nicht für mich zu tun, wenn, dann nur für uns beide.« Ich bin traurig. Von Anfang an habe ich nicht gewollt und doch alles, ohne wirklich bedrängt zu werden, mitgemacht. Ich war gar nicht dabei und habe nichts gemacht.

Dieses Gefühl, daß das, was mir jetzt passiert oder was mit mir geschieht, nicht ganz real ist, kenne ich schon aus früheren Situationen, in denen es um Sexualität ging. In der Pubertät habe ich das als Auflehnung gegen meinen Vater und überhaupt gegen die Eltern empfunden. Das war fast wie ein Zwang, obwohl es sexuelle Erfahrungen waren, in denen Annäherung und Zärtlichkeit total fehlten. Es hat mir gar nicht gefallen, und hinterher war auch immer das Gefühl da, daß das nicht mir, sondern jemand anders passiert ist. Im Grunde war ich ein ganz anständiges Mädchen und habe es abgelehnt, Sex ohne innere Beziehung zu jemand zu haben. Aber das war wie ein Zwang, wie ein Kampf oder wie eine Rolle, das Verbotene, Schlimme zu tun.

Richtige Lust oder Entspannung habe ich dabei nie empfunden. Das fällt mir heute in der Beziehung zu meinem Partner, dem Vater von Max, auch immer wieder schwer, mich wirklich fallenzulassen und zu genießen. Wir kennen uns schon seit unserer Kindheit und haben schon viele Krisen zusammen erlebt und durchgestanden. Es gibt unglaublich schöne Zeiten zusammen, Zeiten ganz intensiver Nähe im Gespräch und auch in der Sexualität. Obwohl der Bereich für mich immer noch am schwierigsten ist. Manchmal kämpfen wir ganz verzweifelt gegeneinander und verstehen nicht warum.

In der Beziehung habe ich mich auch immer für ungehorsam gehalten, schon wie wir die Partnerschaft gestalten. Wir sind nicht verheiratet, haben das Kind zusammen, jeder wohnt mit anderen Leuten in einer Wohngemeinschaft und hat auch seine eigenen Lebensbereiche. Erst in der letzten Zeit ist mir aufgegangen, daß ich mich mit größeren Lebensentscheidungen immer an Bernd orientiert habe, zum Beispiel wo man wohnen will, auf dem Land oder in der Stadt, ob man ins Ausland geht oder studiert, da habe ich mich immer an ihm orientiert, immer. Obwohl ich als sehr selbständig gelte und, wenn man sich meinen Berufsweg mal anschaut, auch immer eigene Sachen gemacht habe, die sehr unabhängig von ihm waren, innerlich war ich doch auf ihn bezogen. Darüber haben wir neulich erst ein längeres Gespräch gehabt. Ich glaube, daß erst jetzt eine neue Situation zwischen uns entsteht. Bernd macht Schauspielerei und will endlich an ein festes Theater kommen. Inzwischen wäre es ihm auch egal, wenn es ein Provinztheater wäre und er aus der Stadt raus müßte. Aber das wäre mir nicht mehr egal. Ich habe jetzt hier in Berlin meinen Rahmen, mein Studium und vieles, was mir wichtig ist, und wenn er sagen würde: »Ich gehe nach Aachen oder Freiburg, wo immer auch ich ein Engagement kriege«, dann würde ich sagen: »Ja, dann kriege du dein Engagement, ich unterstütze dich auch dabei, aber ich gehe nicht mit.« Wenn ich ihm das so sage, kriege ich gleichzeitig einen Schrecken und denke: »Was, du würdest nicht mehr mitgehen?« Und dann kommt in mir ganz klar: »Ja, ich würde nicht mehr mitgehen!«

Bisher bin ich überallhin mitgegangen. Ich hatte immer gleichzeitig für mich Dinge gefunden, die ich machen konnte an den anderen Orten. Als wir für ein Jahr nach Spanien gingen vor vielen Jahren, das war seine Idee. Das Weggehen überhaupt war meine Idee. Ich habe damals Spanisch gelernt und mir das so eingerichtet, daß ich auch etwas von dem Aufenthalt hatte. Heute frage ich mich aber, ob da nicht auch Gehorsam mitgespielt hat. Ganz unbewußt vielleicht die Befürchtung, wenn ich das nicht mitmache, dann funktioniert's zwischen uns nicht mehr.

Es gibt viele Sätze aus meiner Erziehung, die ich immer noch im Ohr habe, wie mir besonders von meiner Mutter gesagt wurde, wie etwas zu sein hat. Als einmal eine große Krise zwischen Bernd und mir war, hat sie zum Beispiel gesagt, daß es kein Wunder ist, daß die Beziehung nicht klappt, wenn die Frau dominant sein will. Für meine Mutter gibt's keine gleichwertige Beziehung. Es gibt entweder vom Mann oder von der Frau eine Dominanz, und es ist ganz klar besser, wenn sie vom Mann kommt. Das ist erstrebenswert. Immer.

Und dann existiert für sie die bedauerliche Tatsache, daß Frauen ab und zu nicht in der Lage sind, sich unterzuordnen. Und diese Frauen sind in ihren Augen bedauernswert. Meine Mutter hat auch oft gesagt, daß Bernd ihr leid tue. Als wir noch in ihrer Nähe wohnten, fragte sie mich manchmal: »Was kochst du dem Bernd am Wochenende?« Das war schon wie ein Ritual. Ich habe dann immer wieder gesagt: »Ich koche dem Bernd nichts am Wochenende, wir kochen zusammen, oder er bekocht mich.« Sie hat dann immer die Augen gerollt, so als ob uns nicht mehr zu helfen sei. Wenn ich jetzt mit Bernd darüber spreche, daß ich in der Beziehung zu ihm oft sehr gehorsam war, aus Liebe und Furcht, daß es sonst nicht geht, dann guckt er mich mit riesengroßen Augen an.

Er meint, daß bei ihm diese Erwartung gar nicht vorhanden sei, und sagt zu Recht, daß ich nie von ihm verlangt hätte, mit mir irgendwo hinzugehen. Das stimmt. Jetzt habe ich den Gedanken, ein Auslandssemester in den USA zu machen, und Bernd würde mit mir gehen, obwohl er sonst keine Lust auf USA hätte.

Vorläufig ist das noch ein Traum. Mir selber ist ganz komisch dabei, weil ich das jetzt alles ganz allein organisieren muß. Er würde quasi im Handgepäck bei mir sein.

Bisher war's umgekehrt, da hat er es organisiert, und ich war die Zuträgerin. Wenn ich das anspreche, ist ihm das nicht bewußt. Bernd sagt: »Das verstehe ich gar nicht, du hast mir doch immer gesagt: Toll, das mache ich auch, das machen wir zusammen.« Ich habe ihm gesagt, daß das stimmt. Und so ist es auch. Aber im Gefühl, in meinem ganz inneren Gefühl war ich auf ihn bezogen, und das verstehe ich selbst noch nicht ganz genau. Ich weiß nur, daß es so stimmt.

»Er bietet mir seine Zeit an, aber ich soll sie ausfüllen«

GABI L.: Ich bin 37 Jahre alt, war 15 Jahre verheiratet und habe mich aus eigener Kraft aus dieser Beziehung gelöst. Jetzt bin ich geschieden und lebe mit meiner Tochter und meinem Sohn zusammen. Ich gehe jeden Tag fünf Stunden in einer Spedition als Lohnbuchhalterin arbeiten. Es ist ein reiner Männerbetrieb. Mein jetziger Freund ist 24 Jahre. Wir kennen uns seit über einem Jahr.

Ich möchte dir mitteilen, wie ich lieben gelernt habe, und fange ganz von vorne an: Zu lieben habe ich von meiner Mutter gelernt, als ich noch ganz, ganz klein war. Sie hat mit ihrer Haltung vermittelt, daß sie immer für alle dasein muß und auch nicht weggehen darf. Das bedeutet, daß sie immer zu Hause war und uns (meine Brüder, mich und meinen Vater) versorgt hat. Mich hat sie in diese Versorgungsrolle mit einbezogen. Ich war gar nicht da als Gabi. Sie war die große und ich die kleine Mutti. Sie hat mich total vereinnahmt.

Als kleines Mädchen durfte ich auch nicht von zu Hause weg. Nur die Brüder, die durften. Einmal morgens bin ich ihnen im Nachthemd nachgelaufen und habe gerufen, sie sollten auf mich warten, ich wolle auch mit. Das ging natürlich nicht und war furchtbar. Also Frauen und Mädchen dürfen nur im Haus sein. Ich habe oft gemerkt, daß meine Mutter sehr unglücklich war. Ich war für Mutti der rettende Engel. Es war ganz selbstverständlich, daß ich ihr alles geben sollte, was sie brauchte. In ihrem Unglück und ihrer Not wollte meine Mutter sich oft umbringen. Ich hatte ständig Angst um sie und auch immer das Gefühl, ich muß sie so sehr lieben, damit sie sich nichts antut. Während ich das schreibe, muß ich weinen.

Meine Mutter hat mir auch beigebracht, daß ich für die Brüder dazusein habe. Ständig mußte ich Streit zwischen den Jungen schlichten. Um den jüngeren Bruder habe ich mich immer gesorgt, weil die Mutter nicht nett zu ihm war. Sie hat oft gesagt, daß er dumm sei.

Die Brüder brauchten nie im Haushalt mitzuhelfen. Im Gegensatz zu mir. Darüber war ich oft sauer, aber das nützte nichts. Manchmal hat mir mein Vater geholfen und an meiner Stelle abgewaschen. Das hat der Mutter nicht gefallen. Sie meinte dann, daß er mich verwöhne. Ihr kam es immer nur auf die Liebe der Jungs an. Dabei sollte ich sie unterstützen. Was mit mir war, war unwichtig.

Meine Mutter wollte, daß ich so bin wie sie. Und das ist heute noch ein großes Problem für mich. Obwohl ich nicht so werden wollte wie sie, habe ich doch viel von ihren Vorstellungen und Verhaltensweisen übernommen. Zum Beispiel dieses, immer nur für andere dazusein. Im Zusammenleben mit meinen eigenen Kindern fällt es mir auch sehr schwer, von zu Hause wegzugehen und zu wissen, die sind jetzt allein. Ich werde also zum Frühstück eingeladen, freue mich auch über die Einladung und habe Schwierigkeiten, das Frühstück zu genießen, weil dann dieses Gefühl hochkommt: Wenn du die Kinder liebhast, dann müßtest du auch bei ihnen sein. Inzwischen weiß ich, daß das Gefühl mir und den Kindern nicht guttut; aber es hat lange gedauert, und wirklich frei davon bin ich immer noch nicht.

Nicht nur das Umsorgen, sondern auch das Retten-Wollen gehört in meine Art zu lieben. Ähnlich wie bei der Mutter wollte ich meine Partner auch immer retten. Das waren manchmal ganz, ganz schlimme Situationen, in die ich da reingekommen bin. Chaotisch und mit Gewalt. Nur durch schmerzliche Erfahrung, daß das nicht geht, einen anderen zu retten, kann ich in diesem Punkt jetzt etwas loslassen. Aber ganz tief in mir drin steckt immer noch die Bereitschaft. Da muß ich mächtig aufpassen.

In meiner jetzigen Liebesbeziehung fällt es mir noch oft genug schwer, rechtzeitig »nein« zu sagen. Das fängt schon beim Verabreden an. Zum Beispiel am Wochenende möchte mein Freund gerne alle Tage mit mir verbringen. Mir ist das aber zuviel. Es hat ziemlich lange gedauert, bis ich mich getraut habe, ihm das zu sagen. In solchen Situationen bekomme ich dann ein schlechtes Gewissen und habe Angst, daß er denkt, daß ich ihn nicht liebhabe.

Oft finde ich es auch schwierig, wenn wir uns treffen. Ich fühle mich immer für die Stimmung verantwortlich. Das strengt mich sehr an. Mein Freund überläßt es meistens mir, wie wir die Zeit miteinander verbringen. Er bietet mir seine Zeit an, aber ich soll sie ausfüllen. Das ist für ihn ganz selbstverständlich. Manchmal ist er richtig erschrocken, wenn ich ihn frage, worauf er denn Lust habe. Ihm fällt so leicht nichts ein. Er hat das nicht gelernt, dafür zu sorgen. Statt dessen sorge ich mich dann um ihn oder darum, daß was Schönes stattfindet. Ich habe darin genug Übung. Mir fällt das leicht. Aber es tut mir nicht gut, weil es mich auch von mir selber abhält.

Im Grunde werde ich in sämtlichen Lebensbereichen immer wieder mit dem Problem konfrontiert, für andere dasein zu müssen. Aus diesem Gehorsam auszusteigen schafft man kaum alleine. Ich finde, daß man dabei Hilfe braucht und auch Gespräche darüber führen muß.

Als mir vor ein paar Jahren alles über den Kopf wuchs, habe ich mit einer Therapie angefangen. Die hilft mir sehr. Seit einiger Zeit geht mein Freund auch in eine therapeutische Gruppe, und seitdem geht es viel besser zwischen uns. Ich sorge mich nicht mehr so um ihn. Aber es hat mich viel Kraft gekostet, ihn davon zu überzeugen, daß er was für sich machen soll, damit nicht alles an mir hängt.

Schwierig war und ist es noch für mich mit der Sexualität. Oft hatte ich das Gefühl, wenn ein Mann Lust hat, mit mir zu schlafen, muß ich gehorchen. Es hat sich schon etwas verändert. Meist spüre ich jetzt doch schon, ob ich überhaupt Lust habe und wann die Unlust da ist. Früher habe ich das gar nicht gemerkt. Es fällt mir aber noch schwer, während der Sexualität zu sagen, was mir gefällt und was nicht. Wenn ich zum Beispiel, während wir zärtlich miteinander sind, einen Orgasmus durch Streicheln oder Küsse bekomme, habe ich oft keine Lust mehr, noch weiterzumachen, daß er eindringt in mich. Am liebsten würde ich dann nur noch kuscheln und herumschmusen. Es fällt mir dann schwer, »nein« zu sagen, wenn mein Freund noch Lust hat. Ich denke, jetzt mußt du ihn befriedigen. Oft mache ich es dann noch mit der Hand.

Heute treffe ich mich mit ihm. Wir haben uns eine Woche nicht gesehen. Ich merke, daß das Gefühl in mir hochkommt, er will mit mir schlafen. Damit geht es mir nicht gut. Am Anfang unserer Beziehung habe ich es nicht so genau bemerkt, da habe ich unbewußt schlechte Stimmung gemacht, damit wir nicht zur Sexualität kommen. Heute gelingt es mir schon öfter, ganz offen zu sagen, daß ich nicht will. Damit fühle ich mich besser.

Wenn er verständnisvoll reagiert und ich das Gefühl habe, mich frei entscheiden zu können, nicht zu müssen, stellt sich meist ganz von selbst die Lust bei mir ein. Mein Freund braucht die körperliche Berührung von mir, um sich selbst spüren zu können. Die Lust auf mich hindert ihn, an seine eigene innere Leere heranzukommen. Ich will, daß er lernt, mehr mit sich zu sein, und mich nicht als seinen Lebensquell betrachtet. Wenn ich mit ihm darüber rede, stoße ich auf erheblichen Widerstand. Aber den nehme ich auf Dauer nicht hin.

*»Ich war gefangen in dem Zwang, noch besser, schöner,
liebenswerter zu sein«*

MARA B.: 35 Jahre, Leiterin einer Kita, mit einer fünfjährigen Tochter
alleinlebend.

Vor einem Jahr wäre mir der Gedanke, mich mit dieser Frage,
Gehorsam oder Ungehorsam in der Liebe, auseinanderzusetzen,
völlig absurd erschienen. Wenn mir jemand die Frage gestellt
hätte: Inwieweit verhältst du dich aus Liebe in Beziehungen
gehorsam?, hätte ich bloß gelacht und geantwortet, daß mit
meinem beruflichen Hintergrund, dem Wissen um gesellschaftliche Zusammenhänge, der Teilnahme an politischen Aktionen,
der Auseinandersetzung mit den bestehenden Verhältnissen, den
sozialen Mißständen Ungehorsam eine Selbstverständlichkeit
ist. Nicht wahr?

Jemand wie ich, die mit beiden Beinen fest im Berufsleben
verankert ist, die sich sozialpolitisch engagiert, gegen ungerechte
Entscheidungen auflehnt und sich für die Interessen anderer
gegen hierarchische Strukturen einsetzt, kann das nur, wenn sie
ungehorsam ist. Selbst die Frage, wie ich mit meinen Wünschen
und Bedürfnissen, mit meinen Gefühlen umgehe, ob ich in der
Hinsicht auch unangepaßt bzw. selbstbestimmt bin, hätte ich
sehr wahrscheinlich lachend bejaht.

Denn die große Diskrepanz zwischen meinem äußeren Sein
und Handeln und meinem inneren Sein und Nichthandeln war
mir in dem Ausmaß nicht annähernd bewußt. Ich war immer
engagiert für andere, pflichtbewußt bis an den Rand meiner
Kräfte. Aber für mich selbst?

Was ist überhaupt mein Selbst? Ja, klar war ich aufsässig oder
ungehorsam, wenn es um die Durchsetzung von Interessen
anderer ging. Aber war ich jemals fordernd oder ungehorsam,
wenn es ganz allein um mich ging? Um meine Wünsche, meine
Sehnsüchte, verstanden zu werden, als Frau anerkannt zu
werden, Nähe, Fürsorge und Geborgenheit zu spüren?

Heute weiß ich, daß ich in dieser Hinsicht, im Liebeszusam-
menhang gehorsam bin bis in die äußersten Zehenspitzen
meines Seins. In den Beziehungen zu Männern war mein Streben

darauf gerichtet,
geliebt zu werden. I
obwohl meine Gefühl
nicht wirklich.

In meiner letzten langjähr
Mann, dem Vater meiner To
eigenen, unabhängigen Existenz.
Obwohl ich mich innerlich dagegen a
ich seinem Wunsch und streckte das Ge
»nein«, obwohl ich »nein« spürte. Jahrela
Situation gelitten, bin nörgelnd und unzufrie
ich wollte etwas anderes von ihm. Ich wollt
Gespräche und ein Eingehen auf meine Wünsche
nisse. Aber wie sollte ein Mann auf meine Bedürfnisse
wenn ich sie selbst viel zuwenig oder gar nicht wahrnah
schon gar nicht so ernst, daß ich Forderungen gestellt hätte
gewisser Weise gab ich die Verantwortung für das Gelingen
meines Lebens ab und hoffte ständig, der andere würde sehen,
fühlen, fast erraten, was ich wirklich will.

Jahrelang hatte ich darunter gelitten, meine Tochter in eine
Krippe geben zu müssen, um den Lebensunterhalt für drei
Personen finanzieren zu können. Ich habe Schuldgefühle entwickelt und den Partner dafür verantwortlich gemacht. Gehorsam habe ich ausgeharrt, alles geregelt und organisiert. Mein
Meckern und Nörgeln kann ich nicht als Ungehorsam bezeich-
nen, dann das hat nichts geändert. Im Gegenteil. Ich war nicht
imstande zu sagen: Das will ich so nicht, ich stelle mir mein
Leben anders vor. Meinen Unmut habe ich nicht in Handeln
umgesetzt, sondern es blieb beim Meckern. Trotz meiner Unzufriedenheit kreisten meine Gedanken nie darum, wie der Partner
anders mit mir umgehen könnte, sondern ich war gefangen in
dem Zwang, wie ich noch besser, schöner, liebenswerter sein
könnte, um dem anderen zu gefallen. An den Abenden hakte ich
dann im Tagebuch ab, ob ich an dem Tag gut war und ob ich
alles für ihn geschafft hatte. Ich habe mich nicht gefragt: Was
habe ich Sinnvolles für mich getan?

Das kommt natürlich alles nicht von ungefähr. Ich denke

alles zu tun, um von ihnen anerkannt und
h war durch und durch gehorsam aus Liebe,
oft anders waren. Aber ich kannte sie

gen Beziehung finanzierte ich dem
hter, seinen Traum von einer
Mein Traum war es nicht.
fgelehnt habe, gehorchte
rüber. Ich sagte nicht
g habe ich unter der
n gewesen. Denn
e Zeit, Nähe,
nd Bedürf-
ngehen,
n und
In

n und
als in
r vol-
, sich
inhalt

voller
mich
g habe
t – bei
chwer
mmer
n und
kohol.
as war
en die
i, mich
en und
, mich
Furcht,
andere
mmer-

hin. Zeitweilig komme ich mir ganz schön stachelig und dornig vor. Öfter habe ich den Eindruck, daß ich anecke. Ich bin nicht mehr nur liebenswürdig und für alle da, sondern grenze mich ab, passe auf. Auch als Leiterin der Kita will ich nicht mehr nur die sein, die Verständnis hat, sich von dem Unvermögen der anderen, ihre Konflikte zu lösen, in einen Strudel des Ausgleichens ziehen zu lassen, weil die anderen doch so gerne Harmonie und alles geregelt haben möchten.

Ich will schauen, was sich entwickelt. Nicht mehr einfach dazugehören wollen, um jeden Preis und aus Angst, sonst allein und isoliert zu sein. Ich wollte immer gebraucht werden, weil ich es so jahrelang gelernt habe. Mir ist aufgefallen, daß ich meine Kompetenz und Fähigkeiten nie wirklich für mich selbst genutzt habe. Das will ich lernen, auch berufliche Ziele und Veränderung in den Vordergrund zu stellen.

Bin ich nun vom Thema Liebe abgekommen? Nein, ich finde nicht. Das hängt für mich eben alles zusammen. Zur Zeit bin ich ohne Partner, und das ist auch ganz gut so.

»Ihm zuliebe bleibe ich fast jede Nacht bis ein Uhr auf«

HELGA: 29 Jahre

Wir kennen uns seit über einem Jahr, waren zwischendurch aber für mehrere Monate im Streit getrennt. Inzwischen sind wir wieder zusammen. Wir haben beide eine eigene Wohnung, aber er schläft fast jede Nacht bei mir, denn das ist praktischer mit der Fahrerei zur Arbeitsstelle.

Ihm zuliebe bleibe ich fast jede Nacht bis ein Uhr auf, denn er ist ein Nachtmensch, ich dagegen bin bereits um 22 Uhr müde. Da er aber erst immer sehr spät kommt, muß ich so lange aufbleiben – ihm zuliebe. Durch den ständigen Schlafmangel bin ich gereizt und kaputt, was sich in zermürbenden Streitereien zeigt über Grundsatzfragen, über seinen miserablen Charakter, seine Ausnutzung meiner Person.

In diesen Streitereien bin ich ohnmächtig vor Wut. Aber ich kann mich nicht von ihm lösen. Ihm zuliebe schlucke ich meine Probleme herunter, denn seiner Meinung nach hat nur er massive Probleme, die meinigen »schaffe ich mir selber«. Dinge, die für mich wichtig sind, bezeichnet er als Lappalien, die nicht der Rede wert sind.

Ihm zuliebe mache ich in der Freizeit meistens das, wozu er Lust hat. Ich teile ihm zuliebe seine Interessen, die nicht im geringsten meine sind. Tue ich das nicht, gibt es wieder Streit. Ich sorge stets für einen gefüllten Kühlschrank, und neuerdings erledige ich auch seine Wäsche, obwohl ich auch ganztägig berufstätig bin.

Er kann gar nicht lieben, aber ich hoffe ständig, ihn durch meine Liebe zu »bekehren«. Ich habe sogar ihm zuliebe eine Psychotherapie begonnen, um meinen Charakter so umzuformen, daß ich ihm gefalle, obwohl ich natürlich weiß, daß eigentlich er sich ändern müßte. Aber eine liebeskranke Frau schiebt ja unbewußt alle Schuld auf sich, und für ein kleines bißchen Liebe erträgt sie fast alles. Meine depressive Charakterstruktur hat zur Folge, daß ich zum Anklammern neige.

Im Grunde sehne ich mich nach einer idealen, fast symbiotischen Beziehung. Das spürt er, und diese meine Abhängigkeit gibt ihm noch mehr das Gefühl, mich in der Hand zu haben. Er hält sich schlichtweg für einen König. Aber ich muß weiterhin leiden, denn ich komme von diesem Mann nicht los, obwohl ich ganz andere Männer haben könnte. Aber ich scheine unbewußt den chaotischen Typ zu suchen. Die Angst vor der Einsamkeit und vor dem Gefühl, plötzlich nicht mehr »gebraucht zu werden«, bindet mich an ihn.

Ich habe mich sogar schon schlagen lassen, weil das immer noch besser ist, als nicht beachtet zu werden. Ich würde vieles dafür geben, vom Liebezwang befreit zu werden, aber das hat bisher auch meine hervorragende Psychotherapeutin nicht geschafft. Es sitzt einfach zu tief.

»Ich denke, er muß meine innere Not erkennen,
er soll unser Leben so gestalten, daß es mir gutgeht«

UTE K.: 40 Jahre, verheiratet, stundenweise als kaufmännische Sachbearbeiterin tätig, zwei Kinder.

In meiner Ehe erwarte ich überwiegend, daß mein Partner aktiv wird in Gesprächen, Sexualität, Unternehmungen. Es hängt wohl mit meinem »Bild vom Mann« zusammen, daß das so sein soll, denn mein Mann erwartet eher Aktivität von mir. Trotz dieses Wissens schaffe ich es nicht, meine Wünsche zu äußern. Oft kenne ich sie gar nicht. Der diffuse Gedanke, er müßte jetzt doch machen, er muß meine innere Not erkennen, er soll unser Leben so gestalten, daß es mir gutgeht, ist stärker als alles andere in mir.

Wenn ich tatsächlich Wünsche habe, getraue ich mich nicht, diese zu äußern, aus Rücksichtnahme, vielleicht auch aus Angst. Wovor? Sein Beruf erscheint mir wichtiger. Ich darf da nicht stören, ihn nicht noch mehr belasten. Sexualität: Oft geht meine

Spontaneität verloren durch den Gedanken, ob er nicht vielleicht zu müde ist und ich ihm mehr Streß als Entspannung bereite.

Wahrscheinlich bin in erster Linie ich selbst diejenige, die Gehorsam und Anpassung von mir erwartet. Aber ich denke, daß er oder andere es sind, und handle danach. Schaffe ich es manchmal, auszubrechen, merke ich, wie unrealistisch meine Gedanken sind.

Ich möchte in der Partnerschaft nicht zur Last fallen und kann es nicht glauben, wenn ich angehalten werde, zu fordern oder meine Meinung zu äußern. Ich sage fast immer »ja«, wenn ich »nein« fühle, weil ich die Erwartungen meines Gegenübers nicht enttäuschen möchte, obwohl sich innerlich alles in mir sträubt. Meist sehe ich mich gezwungen, meine Wünsche zurückzuhalten. (Manchmal gelingt es mir in einer Situation nachträglich, das »Ja« wieder zum »Nein« werden zu lassen, durch Ausreden etc.)

Ich sehe starke Zusammenhänge zu meiner Kindheitssituation. Ich war sehr angepaßt an die Verhältnisse und kann mich gar nicht erinnern, daß mir jemals der Gedanke zum Ungehorsam kam, der die Eltern hätte verletzen müssen. In meiner Erinnerung ist eigentlich nur die Mutter vorhanden, die etwas verlangen könnte. Hauptsächlich sah ihre Anforderung so aus, daß ich ihr nicht zur Last falle. (Ob sie es je verbal ausgedrückt hat, weiß ich nicht, es war aber meine Empfindung.) Auf jeden Fall wurde Ungehorsam bestraft, wie ich bei meinen älteren Geschwistern erlebte. In der Familie wurden viele Arten von Strafen durchgeführt. Geschlagen wurde hauptsächlich durch »Backpfeifen« oder bei größeren Strafen durch Schlagen mit einem Gummischlauch an die Beine.

Bei mir selbst erinnere ich mich überwiegend »knien mit dem Gesicht zur Wand« und Bestrafung durch Nichtbeachtung, »übersehen werden«. Ich war die Jüngste. Meistens fühlte ich mich ungerecht bestraft. Erst war die Wut darüber groß, danach nahm der Wunsch, Mutter möge wieder gut sein, überhand. Aber ich brachte selbst die Initiative, das Schweigen zu durchbrechen, nicht auf. Irgendwann gab es eine Gelegenheit, wieder miteinander reden zu müssen, und so konnte zur Normalität zurückgekehrt werden.

Die Eltern waren katholisch. Äußere Dinge wie regelmäßiger Gottesdienstbesuch, Beichte etc. wurden streng eingehalten, während christliche Inhalte in Gesprächen oder Verhaltensweisen nicht gelebt wurden. Politik spielte keine große Rolle. Die Eltern paßten sich den jeweiligen Gegebenheiten an. Über Sexualität und Liebe wurde nicht, allenfalls verschleiert gesprochen und dann in einem negativen Sinn. Bei den Eltern sind Begriffe wie Feminismus oder Emanzipation auch heute noch völlig unbekannt.

Frauen waren nie richtig. Entweder waren sie zu aufdringlich (geschwätzig, neugierig, herumtratschend) oder zu zurückhaltend (»die kriegt den Mund nicht auf«, »die will was Besseres sein«). Sie wurden danach bewertet, »welchen Mann sie sich eingefangen«, »welchen Mann sie abbekommen« hatten. Das alles hat mich geprägt. Überwiegend habe ich kindliche Verhaltensmuster beibehalten.

Bis vor kurzem stand es für mich außer Frage, daß das, was die anderen verlangen oder sagen, das Richtige ist, daß ich mir gar keine eigene Meinung bilden darf. Ich dachte, nur akzeptabel zu sein, wenn ich mich anpasse und so bin wie die anderen. Erst durch meine beiden Kinder, die plötzlich einen eigenen Willen hatten und damit auch angenommen wurden, stellte ich meinen eigenen Blickwinkel ein wenig in Frage. Für das Wohl der Kinder, nicht für mich selbst, war es mir möglich, meinen Zwang zur Anpassung zu hinterfragen.

Ich bewundere Menschen und vor allem Frauen, die konfliktfähig und ungehorsam sein können. Für mich schien es immer unerreichbar, so zu werden. Es waren bisher ja auch wenig weibliche Eigenschaften. Mein heutiger Gehorsam im Zusammenhang mit Liebe sieht vor allem so aus, daß ich in einer Beziehung – Ehe – lebe, in der ich sehr wenig vom Partner erhalte. Wenig Unterstützung, was die Gestaltung der Beziehung anbelangt. Gespräch muß immer von mir kommen. Angebote werden auch oft nicht wirklich ernsthaft aufgegriffen.

Andererseits fordere ich auch zu wenig und bringe die Kraft

nicht auf, das Zusammenleben zu beenden. Mehrere Jahre habe ich in einer Wartehaltung verbracht und geglaubt, eine Veränderung müsse in erster Linie vom Mann ausgehen. Jetzt habe ich die Initiative ergriffen, fühle mich aber in meinen Bemühungen wenig verstanden und allein gelassen.

Unter Mittäterinnenschaft könnte ich mir in diesem Zusammenhang vorstellen, daß das Stillhalten, das Verbleiben ein Unglück ist. An den herkömmlichen Normen festzuhalten. Es ist natürlich bequemer, angepaßt zu leben, den gesellschaftlichen Erwartungen zu entsprechen. Nicht mehr mitzutun würde bedeuten, sich eventuell zu isolieren, zu kämpfen, anders zu sein. Ob ich das schaffe, weiß ich nicht. Aber ich muß es versuchen.

»›Tu's ihm zuliebe‹, vergiftete lange Zeit mein Leben«

KATJA L.: 21 Jahre

»Tu's ihm zuliebe« – wie früh bin ich mit diesem Satz in Berührung gekommen und wie tief und nachhaltig war seine Wirkung auf mich. Ich verdamme das Patriarchat, vor dem mich keine starke Mutter, keine ausgeprägte Intelligenz und keine kleinstädtische, geschützte Atmosphäre bewahren konnte.

Ich verdamme jene, die das Patriarchat aufrechterhalten, und alle, die den Mächtigen bewußt in die Hände arbeiten. Ich weine um alle Frauen, die auch in dieser Minute noch gebraucht, gedemütigt und kleingehalten werden, um in ihrer Selbstverleugnung den Patriarchen zu dienen, was dann »Liebe« genannt wird.

Ich habe anhand alter Tagebuchaufzeichnungen – ich schreibe seit meinem zehnten Lebensjahr Tagebuch – versucht, den Ursprung dieses »Tu's mir zuliebe« herauszufiltern, um mich davon befreien zu können.

Diese alten Dokumente zeugen in erschütternder Weise von einer sich steigernden Selbstverachtung, die in dem Moment beginnt, in dem mir ein Mann zum ersten Mal unmißverständlich sein sexuelles Interesse an mir zu verstehen gibt. Ich mag elf, zwölf Jahre gewesen sein. Damals begann ich meinen Wert an der Stärke meines Begehrtwerdens zu messen. Parallel zu ersten Eintragungen wie »Ich habe entdeckt, daß ich es liebe, begehrt zu sein«, fand ich bei meiner Recherche schon 1982 Hinweise auf sexuelle Situationen, die mir nicht gefallen haben, in die ich mich aber dennoch gefügt habe, eben »ihm zuliebe«. Sätze wie »Der Kuß mit Zungenschlag hat mir aber nicht gefallen« stehen unauffällig zwischen ausführlichen, begeisterten Schilderungen von Feten, Verabredungen, Spaziergängen.

Von 1984 datiert die erste längere und ehrliche Eintragung. Da steht in meinem Tagebuch: »Dann kam Thomas. Ich glaube, er hätte am liebsten sofort mit mir geschlafen. Nur weil er es war, habe ich es mir gefallen lassen, diese Streichelei. Nichts gefühlt! Ich bin unglücklich bei Berührungen, die ich nicht wirklich will, und Küssen, die mir nicht wirklich das geben, was sie eigentlich sollten. Ich fühle mich nur verpflichtet und sage nichts.« Damals war ich sechzehn, hatte ausschließlich ältere Freunde, bei denen ich alles das fand, was meinen gleichaltrigen Klassenkameradinnen verborgen blieb. Dieser Tagebucheintragung folgten lange Monate voller Demütigungen, unlustigem Gehorsam gegenüber seinen Wünschen, wobei er recht häufig wechselte – das heißt, es waren verschiedene Männer, mit denen ich zu tun hatte. Ständig dabei war eine tiefe, unverarbeitete Trauer in mir über mein Verhalten.

Die Höllenfahrt endete in der Hölle. Elba 1985: Ich werde von einem italienischen Bekannten vergewaltigt. Als ich weinend den Strand entlanglaufe, ist Vollmond, ein lauer Abend, eine wunderschöne Sommernacht. Aber selbst die Dusche wäscht den Ekel nicht ab und lindert die Schmerzen.

Diese Nacht ist der Tiefpunkt einer langen Entwicklung, die mich gelehrt hat, meinen Körper dem Mann zu überlassen, um nicht seine gierige Leidenschaft neben mir zu spüren, wenigstens meine Seele nicht seinen grapschenden Händen preiszugeben. Jahrelang definierte ich mich ausschließlich über meine sexuelle Ausstrahlung. Trotzdem war mir meine Jungfräulichkeit heilig. Während ich sie verlor und mein Körper überfallen und geopfert wurde, versuchte ich sie in meine Psyche hinüberzuretten. Als der Italiener mich vergewaltigte, ertrug ich dieses in tiefster

Demut. Wie sehr das ursprüngliche Pflichtgefühl, »ihm zuliebe« etwas zu tun, sich in mir verselbständigt hatte, zeigt die Tatsache, daß ich erst Monate später das Wort Vergewaltigung in diesem Zusammenhang benutzte. Ich hielt es zunächst für keine.

An dieser Stelle endet der Teil meiner Biographie, der für dich von Interesse sein könnte.

Ich habe mich in einem langen und mühsamen Verarbeitungsprozeß von den Traumata befreit. Mit dem Eintritt in eine Frauengruppe habe ich angefangen, mir etwas Neues zu erkämpfen.

Mit jeder Verinnerlichung einer feministischen Erkenntnis erobere ich mir ein Stückchen Freiheit vom Patriarchat. Es bleibt für mich die Frage, wie ich das schaffen kann, was bei mir niemand schaffte: andere Frauen und gerade junge Mädchen vor dieser Sklaverei zu bewahren.

»Alles tun, um zu gefallen und geliebt zu werden«

SARA S.: 38 Jahre, Volkswirtschaftlerin, nicht verheiratet, zur Zeit keine feste Beziehung.

Bei dem Stichwort »Gehorsam – Liebe – Verbundenheit« geistert mir ein Satz durch den Kopf: »Gehorsam bis zum Tod am Kreuze.« Den Satz kenne ich aus meiner katholischen Kindheit, in der Ungehorsam stets streng bestraft wurde. Die Zurichtung meiner Person, meiner Persönlichkeit durch Gehorsam wird jetzt für mich, da ich 38 Jahre alt bin, in ihrer ganzen Tragweite spürbar und bewußt.

Im Beichtstuhl mußte ich mich regelmäßig zur Sünde des Ungehorsams bekennen, da »der liebe Gott alles sieht und hört«. Nur wenn ich es geschafft hatte, gehorsam zu sein, mußte ich dafür auch nicht um Vergebung im Beichtstuhl bitten und war dann stolz darauf. Aber erzählt habe ich das keinem. Denn auf etwas Selbstverständliches braucht man nicht stolz zu sein. Zur Beichte ging ich meist im Rhythmus von zwei Wochen. Wenn ich länger wartete, mußte ich mit der ungehaltenen Reaktion des Pastors rechnen.

Das Wort Gehorsam begegnete mir in abgewandelter Form im Alltag unzählige Male. »Wer nicht hören will, muß fühlen«, hieß es, wenn ich trotz Verbot im Sonntagskleid über einen Zaun kletterte, mir das Kleid zerriß und dann auch noch eine Tracht Prügel bekam. »Und muck dich nicht«, so wurde ich schon gewarnt, bevor ich noch mit meiner Mutter gemeinsam zum Einkaufen ging. Ihre Warnung galt einer möglichen Bettelei nach Dingen, die ich im Laden gerne haben wollte. Und meine bittenden Blicke mit einem »Mutti!« wurden mit einem vernichtenden Blick ihrerseits beantwortet. Dazu schürzte sie ihre Lippen. Diese Reaktion verfehlte ihre Wirkung nie, jedenfalls erinnere ich mich nicht daran.

»Wenn Erwachsene sich unterhalten, hast du zu schweigen, sonst ist nachher was los.« – »Das habe ich doch gewußt!« kam es fast triumphierend aus Mutters Mund, wenn ich mich in meiner Seelennot ihr anvertraute. »Aber auf mich wolltest du nicht hören.« – »Ist gar nicht schlimm, daß dir das passiert, wer nicht hören will, muß fühlen.« Ich fühlte es sehr deutlich. Fühlte ihren Haß und wußte nicht warum. Manchmal schwor ich mir, ihr nichts mehr anzuvertrauen, weil sie doch nicht imstande war, mich zu trösten, sondern nur moralisierend klein machte oder beschimpfte, »wie schrecklich« ich doch sei. Dabei tat ich schon alles Erdenkliche, um ihr Kummer zu ersparen, sagte immer schnell »Ja«, auch wenn sich innerlich alles in mir sträubte, tat alles, um zu gefallen und geliebt zu werden. In mir war die Angst, daß die Mutter sich *sofort* ab- und wegwenden könnte, wenn vielleicht tatsächlich einmal ein »Nein« über meine Lippen käme. Später und auch heute noch taucht diese Furcht vor dem Verlassenwerden in Freundschaften und Liebesbeziehungen auf.

In der Kindheit habe ich oft mein inneres »Nein« gar nicht erst groß werden lassen. Es war so klein, daß ich es meist gar nicht wahrnehmen konnte. Statt dessen war in mir die Bereitschaft zu eilfertigen, angepaßten »richtigen« Reaktionen auf die Erwartungen und Anforderungen der anderen. Sich bloß nicht unbeliebt machen, bloß kein Querulant sein. Immer erst nach den Wünschen der anderen schauen und meine dann an die der anderen anhängen oder die fremden Wünsche zu meinen eigenen machen.

Meine Mutter bestimmte ganz stark mein Äußeres, so zum Beispiel die Frisur. Ich durfte meine schönen Haare nicht offen tragen. Meine Mutter hatte Macht über mich. Sie konnte mich total verunsichern. Geliebt und anerkannt habe ich mich von ihr nicht gefühlt. Diese ungestillte Sehnsucht nach Liebe trug ich dann in die Beziehung zu Männern hinein. Mein Vater zu Hause blieb blaß und farblos. Er war entweder bei der Arbeit oder mußte sich zu Hause ausruhen.

Wenn ich mit siebzehn, achtzehn am Wochenende unterwegs war oder »shopping« in der nahegelegenen Stadt machte, hielt ich natürlich Ausschau nach Männern. Erstes Kriterium, ob einer interessant war oder nicht: seine Körpergröße! Um meine Aufmerksamkeit zu erregen, genügte es bereits, wenn ein Mann groß war. Ob wir äußerlich zusammenpassen, das war das Kriterium für mich, im privaten Bereich auf Männer zu reagieren. Bei einem der ersten Männer, die ich kennenlernte, war es wirklich nicht mehr als die passende Körpergröße, aber das wollte ich nicht wahrhaben. Wenn er anrief, hatte ich selbstverständlich Zeit für ihn. Ich bildete mir ein, verliebt zu sein, konnte vor Aufregung nichts essen, schlecht schlafen und wurde immer dünner. Wenn wir zusammen einen Abend verbrachten, habe ich überwiegend zugehört. Er erzählte mir von sich und seinem Unglück, trank dabei ziemlich viel, und wenn er mich ab und zu küssen wollte, war mir das eklig und tat auch weh: Es war, als sauge er mir meine Zunge aus dem Mund.

Ich hatte eine panische Angst vor Sexualität (vor meiner Sexualität?). Das war ein Tabu, so groß wie... jedenfalls unüberwindlich für mich. Meine Angst davor, daß dann etwas Gewaltsames mit mir passieren könnte, war lange Zeit riesig. Auch die Befürchtung, dann diffamiert zu werden oder daß der Typ, mit dem ich schlafen würde, mich anschließend nur noch verachten könnte. Es war immer so etwas im Spiel wie »meine Ehre retten zu müssen«.

Den kontrollierenden Fragen meiner Mutter konnte ich entsprechend standhalten. Die Angst vor Verachtung ist bis heute

93

nicht ganz weg, wenn ich meine Wünsche nach Sex bei einem Mann anmelde. Oder auch wenn ich auf Männerwünsche nach Sex mit mir reagiere, daß dann in meinem Kopf der Gedanke auftaucht: »Jetzt ist's passiert, und damit ist das Verhältnis wohl beendet.« Diese Vorstellung war in mir, daß der Mann nur darauf hinarbeitet, mit mir ins Bett zu gehen, und wenn er sein Ziel erreicht hat, kein Interesse mehr an mir besteht. Trotz dieser Befürchtungen habe ich mich in der Beziehung zu Männern häufig so verhalten, daß ich versuchte herauszufinden, wie die mich wollen, und so, wie ich glaubte, daß sie mich wollen, war ich dann auch.

Wenn mich einer schön und begehrenswert fand, fand ich mich auch schön, weil ich es für *ihn* war. Meine emotionale Unsicherheit in den Beziehungen habe ich immer zu verstecken versucht. Das hat oft zu Komplikationen geführt, weil ich ganz anders wirkte, viel selbstbewußter und souveräner, als ich mich überhaupt fühlte. Dabei fiel und fällt es mir sehr schwer, meine Wünsche offen zum Ausdruck zu bringen und so die Beziehung aktiv mitzugestalten. Häufig habe ich nur reagiert und mich total an dem orientiert, was die Männer vorgegeben haben. Ich habe bisher in meinem Leben eine ganze Reihe Männer kennengelernt, an manchen lag mir wirklich viel, aber zu irgendeinem Zeitpunkt gingen die Beziehungen in die Brüche.

Heute denke ich, daß ich große Angst bekomme, wenn es wirklich näher wird und ich mich zeigen müßte/könnte. Das ist ein großes Dilemma in mir, der Wunsch nach Nähe und Zärtlichkeit und die Angst davor, abgelehnt, zurückgestoßen zu werden. Inzwischen bin ich 38 Jahre alt. In manchen Zeiten geht es mir sehr schlecht. Wenn ich dann allein bin, überfällt mich eine ganz tiefe Trauer und Resignation. Ich denke dann: Was soll das Ganze, wozu hat das überhaupt Sinn? Fühle mich mutlos, leer und verzweifelt. Nun bin ich schon so alt und habe immer noch keine Heimat bei einem anderen Menschen, sprich: Mann, gefunden. Seit einiger Zeit mache ich Therapie und besuche auch eine Frauenselbsthilfegruppe. Wir haben uns zusammengefunden, nachdem von Robin Norwood das Buch »Wenn Frauen zu sehr lieben« veröffentlicht worden war.

Allmählich fange ich an zu begreifen, wieviel Ähnlichkeit meine bisherigen Liebesbeziehungen mit der Beziehung zu meiner Mutter haben. Das ist mir nie so bewußt gewesen. Jetzt ist schon häufiger das Gefühl in mir: »Doch, ich kann noch etwas ändern. Es ist nicht zu spät.«

»Wir werden blind und taub gemacht«

JUTTA R.: 52 Jahre alt, ich arbeite als Sekretärin, bin geschieden und lebe seit drei Jahren mit einer Frau zusammen.

Ich habe Deine/Ihre Annonce in der Zeitschrift »Brigitte« entdeckt, und mir ist dazu spontan ein Traum wieder in Erinnerung gekommen, den ich kürzlich hatte. Ich weiß nicht, ob er paßt, aber er kam mir sofort wieder in den Sinn:

Ich befinde mich in einer Gruppe von Menschen auf einem Rundgang durch eine Ausstellung. Uns wird ein Sarkophag gezeigt, auf dem ein starker, breiter, mächtiger Männerkörper in Stein gemeißelt ist. An seiner Seite eine Frau. Sein Arm drückt sie runter, ihr Kopf hängt qualvoll über den Rand des Sarkophags. Der Mann, der die Gruppe durch die Ausstellung führt, erzählt dazu etwas. Ungefähr wie folgt: Eine junge Frau wurde überredet, zu ihrem Onkel nach Italien zu gehen, und tat dies wohl auch. Sie las ihm vor, übersetzte ein Buch und war ihm mit schönen Dingen zu Diensten. Die Frau hatte irgendeine Mission. Wie dankte er es ihr? Es wurden ihr beide Augen ausgestochen und ein Ohr abgerissen. Ich habe große Angst im Traum.

Mein Kommentar dazu: Dies ist meine Geschichte, die meiner Mutter und der Frauen schlechthin. Als junge Menschen kommen wir mit vielen Fähigkeiten, reichen Gaben und neuen Ideen wie diese junge Frau, und dann werden wir blind und taub gemacht und unterdrückt, ohne je verstanden worden zu sein. Vielleicht war es auch keine Führung durch eine Ausstellung, sondern auf einem Friedhof? Ob der Friedhof als Ort mit dem merkwürdigen Sarkophag ein Symbol für die Mann-Frau-Beziehung gedeutet werden kann? Das kommt mir gerade in den Sinn.

Zu meiner Lebenssituation möchte ich noch kurz sagen, daß

ich lange Jahre in einer Ehe gelebt habe (mit einem Alkoholiker) und viele schlimme Situationen »ihm zuliebe« hingenommen habe. Nachdem ich mich von ihm getrennt hatte, bekam ich schreckliche Schuldgefühle. Von der Ausrichtung auf den »männlichen Blick« habe ich mich immer noch nicht ganz befreit, obwohl ich mit einer lesbischen Freundin zusammenlebe. Es ist mir in der Liebe noch nie so gut gegangen. Von ihr bekomme ich all das, was ich in der Ehe und von anderen Männern nie bekam. Sie ist fürsorglich, kann zuhören und ist zärtlich. Trotzdem habe ich Schwierigkeiten mit der Sexualität. In meinem Hinterkopf spukt immer noch der Gedanke, daß eine wirkliche Liebesbeziehung nur zwischen Männern und Frauen stattfinden kann. Das ist verrückt.

»Ich hatte die Macht, diesen wilden Mann zu beruhigen«

KARIN P.: 40 Jahre alt, ich arbeite als Krankenschwester, bin nach einer zwanzigjährigen Ehe vor vier Jahren geschieden worden, habe eine Tochter und lebe seit zwei Jahren eine neue Beziehung, aber wir wohnen nicht zusammen.

Was mir zu deinem Thema »Liebe – Gehorsam – Verbundenheit« eingefallen ist, möchte ich dir in diesem Brief mitteilen. Seit ich denken kann, wurde Gehorsam von mir gefordert. Gehorsam ist für mich wie ein Zwang. Als Kind und auch als Frau war ich immer brav. (Als Frau seit jüngster Zeit nicht mehr so ausschließlich.) Für meinen Gehorsam habe ich Anerkennung und Liebe erhalten.

In meiner Familie ist das der höchste Wert gewesen. Der Vater hat gearbeitet bis zum Umfallen, meine Mutter kenne ich nicht krank. Es gab und gibt heute noch strenge Regeln in der Familie. Mein Gehorsamszwang sitzt tief. Mich ungehorsam zu verhalten, eigene Wege gehen zu wollen, das war mit harten Strafen verbunden.

Trotzdem steckte in mir immer eine »kleine Rebellion«. Ich überlege gerade, wann ich einmal nicht so brav war. Einmal, als kleines Kind, bin ich spazierengegangen, meiner Lust einfach folgend. Ich war ungefähr drei Jahre alt, und meine Brüder hätten auf mich achtgeben sollen. Ich bin aber einfach auf und davon, weil ich Lust hatte, meine Mutter im Geschäft zu besuchen. Den Weg kannte ich genau, und ich habe es auch als schönes Erlebnis in Erinnerung, wie ich da so langmarschiere. Im Geschäft angekommen, bekam ich nur ganz fürchterliche Prügel dafür. Ich habe nie verstanden warum. Meine Mutter ist eine sehr autoritäre Frau. Es mußte immer gemacht werden, was sie wollte. Sie wurde in der Familie bewundert, weil sie das Leben so gut meisterte. Mit diesem Säufer als Mann nicht aufgibt und die Familie trotzdem zusammenhält.

Mich hat sie in diese Betreuungsarbeit mit eingespannt. Sie brauchte nur noch »Kümmere dich mal um Vati« zu sagen, und schon war ich voll dabei. Meine Aufgabe in der Familie war es, den besoffenen Vater zu beruhigen, der sonst die ganze Familie terrorisiert oder zumindest in Aufregung versetzt hätte. Schon als kleines Mädchen bin ich auf ihn zugegangen und habe ihn durch meine Niedlichkeit beruhigt. Ich habe ihn abgelenkt, nur damit nichts passiert. Beruhigung um jeden Preis. Ich mußte mir was einfallen lassen. Ich war dann sein Mittelpunkt, und es kehrte Ruhe ein. Während er mich mit seinem Elend und seiner Not überschüttete, tröstete und streichelte ich ihn. Als kleines Mädchen, als junges Mädchen und später als junge Frau. Ich hatte die Macht, diesen »wilden Mann« zu beruhigen.

Mein Gehorsamszwang sitzt tief! Ich war als erwachsene Frau auch sehr angepaßt und brav. Ein bißchen kam erst dadurch in Bewegung, daß mein damaliger Ehemann meine Passivität in der Sexualität nicht aushalten konnte. Er mochte mich nicht, wenn ich mit mir machen ließ. Er hatte einen Widerwillen gegen meinen Gehorsam. Jedenfalls was die Sexualität anbelangt. Seiner Meinung nach war die Ehe sonst in Ordnung. Nur leider versagte ich im Bett.

Damals war ich verzweifelt und verwirrt. Ich konnte gar nicht begreifen, was er wollte, wo ich doch alles gemacht habe. Heute weiß ich, daß ich überhaupt kein Gefühl für meine eigene Sexualität mitgebracht habe. Diese Erfahrungen, immer auf andere hören zu müssen, auf Mutter, Vater, Brüder, Mann, sitzt derart drin, daß ich heute manchmal noch nicht weiß, passe ich mich jetzt einfach der Situation an, oder tue ich es aus Überzeugung. Es macht mich auch unruhig, wenn andere Menschen, ganz egal wo, ungehorsam, unangepaßt sind und stören. Wenn es in meiner näheren Umgebung passiert, bin ich schnell dabei zu beruhigen. Es soll bloß kein Ärger entstehen.

In meiner Familie mußte ich mich als Blitzableiter zur Verfügung stellen, habe meiner Mutter zugehört, wenn es mit meinem Vater schwierig war, bin mit ihr durch die Kneipen gegangen, um den Vater rauszuholen. Das mußte ich immer machen. Für den Vater war ich Blitzableiter, wenn er mir erzählt hat, was ihn alles an meiner Mutter stört. In meiner Ehe habe ich es dann ähnlich gemacht. Meine Tochter sollte ihren Vater bloß nicht reizen. Ich mußte brav sein, also sollte sie es auch sein. Wenn es doch mal Zwistigkeiten zwischen den beiden gab, so wurden sie von mir unter den Teppich gekehrt.

Heute verstehe ich meine großen Ängste, ungehorsam zu sein, besser. Die Angst ist noch da, wenn ich zum Beispiel an einer Demonstration gegen die Atomkraft teilnehme, und ich bin wirklich davon überzeugt, daß es richtig ist, dagegen zu protestieren. Wenn ich die Polizei dabei sehe, wird mir ganz schlecht, richtig übel vor Angst. Ich tue etwas, was nicht erlaubt ist.

Aber ich weiß, daß ich ungehorsam sein muß, wenn ich meinen eigenen Weg gehen will. Ich habe meinen Ehemann und mein Kind verlassen, ich habe schon einen Weg eingeschlagen, den Frauen unserer Familie nicht zu gehen pflegen. Ganz allmählich spüre ich, daß hinter meiner ewigen Bravheit auch eine gehörige Portion Verweigerung steckt. Ich habe nie gerne gekocht. War nie gerne Hausfrau. Ich habe die Lust am Frausein total abgelehnt, weil Frausein mit Tätigkeiten verbunden war, die ich nicht mochte.

In meiner jetzigen Beziehung ist auch nicht alles ganz problemlos, aber doch ganz anders als alles vorher. Ich hatte vor einem Jahr eine Bandscheibenvorfall. Erst daran habe ich gemerkt, daß ich mir immer zuviel habe aufladen lassen. Jetzt muß ich lernen, vorsichtig mit mir umzugehen. Mein Partner hilft mir dabei. Das ist ziemlich neu für mich. Er ist übrigens ziemlich sanft in seiner Art, und das ist auch ungewohnt. Manchmal ist er mir sogar zu freundlich, ich werde dann richtig biestig und wehre ab. Hinterher tut es mir leid. Zur Zeit bin ich sehr in Bewegung. Was draus wird, weiß ich noch nicht.

»Angst, nicht geliebt zu werden, wenn ich Schwächen zeige«

GABI M.: 28 Jahre, Lehrerin, verheiratet.

Mir sind zu deinem Stichwort »Liebeszwang« gleich mehrere Zwangsgefühle eingefallen, die in meinem Liebesleben, aber auch in den Beziehungen überhaupt, eine Rolle spielen. Der Zwang zum Umwerben des anderen ist ganz stark, egal, ob meine Stimmung auch gerade wirklich so ist, Verbundenheit herstellen zu wollen. Dann spüre ich sehr häufig den Zwang in mir, die Starke sein zu müssen, und habe Angst, daß ich nicht geliebt werde, wenn ich Schwächen zeige. In früheren Jahren war da noch der Zwang, in einer Beziehung bleiben zu müssen (sieben Jahre lang), in der fast keine Sexualität mehr stattfand.

Erst in den letzten fünf Jahren beginne ich zwangloser zu leben, wobei ich immer wieder auch an meine inneren Grenzen stoße. Zum Beispiel fällt es mir auch jetzt in meiner Partnerschaft schwer, mich von meinem Mann umwerben zu lassen, ohne ein schlechtes Gewissen zu haben. Das Genießen fällt mir schwer. Ich spüre immer wieder den Impuls, eigentlich ist es auch ein Zwang, die Kontrolle zu behalten, indem ich aktiv werde. Wenn es mir gelingt, mich den Zärtlichkeiten meines Mannes hinzugeben, entspannt es mich und tut mir gut; aber schnell schieben sich so Gedanken dazwischen, ob ich ihm nicht lästig bin, weil ich so lange brauche, um zu entspannen und zu genießen.

Ich denke dann, gleich hat er keine Lust oder Geduld mehr mit mir. Zum Beispiel kann es vorkommen, daß er einschläft, während er mich am Rücken streichelt, und das ist dann der Beweis, daß ich aufpassen muß. Dabei wünsche ich mir, noch viel mehr von ihm verwöhnt zu werden, denke aber gleichzeitig, daß das unverschämt ist, daß ich zuviel will, und zwinge mich, genügsam zu sein. Dabei ging es mir noch nie so gut in der

Sexualität wie jetzt mit ihm. Wir machen beide Therapie und können über alles sprechen. Vor ein paar Jahren wußte ich noch gar nicht, daß ich innerhalb einer Beziehung an meinem Liebesleben etwas verändern kann. Früher habe ich mich immer, wenn auch oft sehr spät, von meinem jeweiligen Partner getrennt, wenn die Verliebtheitsphase vorbei war. Das erlebe ich zum ersten Mal jetzt anders, daß ich den Partner sexuell auch wieder anziehend empfinden kann dadurch, daß wir uns über die Schwierigkeiten auseinandersetzen und sie nicht einfach hinnehmen. Dem Zwang zur Trennung fühle ich mich nicht mehr ausgeliefert. Mein Mann kann sich besser entspannen und loslassen als ich. In dieser Hinsicht kann ich von meinem Mann noch manches lernen. Es geht mir besser, wenn ich mich mehr auf seine Stimmung einlasse, die öfter entspannter ist als meine. Andererseits möchte ich auch lernen, bei mir zu bleiben und nicht jede Stimmung in meiner Umgebung aufzusaugen, obwohl ich es in dem Moment gar nicht möchte.

Den Zwang zur Verbundenheit gibt's eben nicht nur in der Partnerschaft für mich, sondern überhaupt, wenn ich mit Menschen zu tun habe. Es fällt mir schwer, bei mir zu bleiben. Ich möchte niemanden zurückweisen, sondern freundlich, hilfsbereit und eben verbindlich sein. Aber diese typisch weiblichen Eigenschaften führen bei mir dazu, daß ich mich überanstrenge und krank fühle.

Die Kehrseite dieser Medaille ist aber, daß ich manche Beziehungen auf der Stelle abbreche, wenn es ansteht, nicht mehr nur freundlich zu sein, sondern Konflikte anzusprechen und sie auch auszutragen. Das gelingt mir nur mühsam.

Obwohl alles nicht einfach ist, denke ich doch, daß ich für mich noch eine Menge verändern kann. Die Therapie hilft mir dabei sehr. Auch das Gespräch mit anderen Frauen, denen es ähnlich geht, die aber auch da raus wollen.

Ich will überhaupt weiter herausfinden, wie ich meine Entwicklung möchte. Dazu gehört auch, daß ich mir meine Kontakte bewußter aussuche und darauf achte, daß ich nicht nur immer die Helferin bin, sondern daß auch für mich etwas möglich ist. Außerdem versuche ich, auch mir immer wieder neue Ziele zu setzen, erreichbare, ohne daß ich mich gleich wieder überfordere. Entwicklung bedeutet für mich auch, immer wieder Unsicherheiten zuzulassen und sich auf Gebiete zu wagen, die bei mir erst einmal große Ängste auslösen (zum Beispiel allein ins Schwimmbad oder in ein Café zu gehen). Nach einer Weile spüre ich dann, daß die Angst oft unnötig war, und ich habe das Gefühl, mir wieder ein Stück mehr Leben erobert zu haben.

Mich von diesen Liebeszwängen zu befreien heißt auch, daß ich mehr nach meinen eigenen Gefühlen und Wünschen handeln lerne und mich nicht aus der Unsicherheit heraus nach meinem Partner richte. Voraussetzung ist natürlich, daß ich etwas von mir und meinen Wünschen weiß. Aber ein paar habe ich eigentlich jeden Tag.

»Ich tue etwas, von dem ich meine, es gefällt ihm«

MARIE Z.: 43 Jahre, Architektin, eine Tochter, geschieden, im Moment verliebt.

Das ist Gehorsam: Ich tue etwas, wovon ich meine, es gefällt ihm, ich könnte ihm gefallen. Aber gleichzeitig oder später merke ich ganz versteckt, ich falle dabei immer tiefer in mein eigenes negatives Gefühl zu mir selbst. Ich fühle mich oft gedemütigt, nicht weil andere mich demütigen, sondern weil ich mich in eine für mich zutiefst demütigende Handlung und Haltung begebe. Über die Beschämung darüber gebe ich mich dann völlig auf, ziehe mich zurück, fühle mich minderwertig, phantasielos, leer, unzufrieden und unerfüllt. Das Schlimme ist, es ist ein ganz großer Zwang in mir, mich immer wieder in Handlungen, Gefühlen, Gedanken für meinen Partner wiederzufinden.

Ich finde gerade in der Beziehung kaum Kraft für mich selbst, weil ich nur darauf aus bin, es ihm recht zu machen. Als ob ich gar keine Rechte hätte. Mit dem Vater meiner Tochter habe ich auch Dinge erlebt, die wahrscheinlich ganz stark mit diesem Gehorsam, von dem ich eigentlich nichts wissen will, zu tun haben. Das ist mir jetzt erst wieder eingefallen. Mir ist konkret eine Situation eingefallen, die ganz häufig so war: Ich sitze im Zimmer und warte auf ihn und denke: »Jetzt ist es soweit, jetzt müßte er kommen. Was mache ich denn, wie setze ich mich denn hin? Lese ich jetzt ein Buch, oder tue ich so, als ob ich schreibe?« Das war ganz schrecklich und fürchterlich. Damit bin ich nie klargekommen, und das war auch ein Grund, warum ich mich von ihm getrennt habe, weil ich da selber nicht rausgekommen bin. Immer tiefer bin ich da rein, und meine ganzen Wertvorstellungen und mich selbst habe ich völlig aufgegeben. Ich habe mich immer gefragt: »Was gefällt ihm? Wie würde er mich am meisten mögen?«

Ich war total darauf aus, seinem Erwartungsbild zu entsprechen, wobei ich gar nicht richtig wußte, welche Erwartungen er hatte. In der Sexualität mit ihm war ich zu vielen Sachen bereit, es ihm recht zu machen, damit er Spaß mit mir hat und ich ihm gefalle. Mir hat es zum Beispiel überhaupt keinen Spaß gemacht, oralen Verkehr mit ihm zu machen, und er hat es auch nicht verlangt oder gefordert.

Aber ich habe gedacht, daß ich mir etwas ganz Besonderes einfallen lassen müßte. Ich weiß erst jetzt, was das für mich bedeutet. Wenn ich jetzt im Moment Rückschau halte und nachdenke, ist es für mich so erniedrigend und widerlich, daß es Abscheu vor mir selbst auslöst. Damit es ihm gefällt, er Spaß hat, seine Bedürfnisse geweckt und befriedigt werden, habe ich mich selbst aufgegeben.

Meine eigenen sexuellen Bedürfnisse bleiben Phantasie. Ich habe gar keine Ideen, sie zu leben, und denke auch, daß ich dazu gar nicht in der Lage bin, schon gar nicht etwa zu fordern, daß es mir recht gemacht wird. So wurde für mich die Sexualität ein überdimensionales, unerfülltes, unüberwindbares Problem. Von meinem früheren Mann zog ich mich innerlich total zurück. Ich sah und sehe bis heute keine Möglichkeit, meine sexuellen Bedürfnisse zu leben.

Immer wieder träume ich heftige, schöne sexuelle Befriedigung, aber in den Träumen ist es immer der Mann, der mich anmacht, auf den ich warte, den ich erwarte. Ich bin dabei eher passiv. Ich lasse mit mir geschehen, ich gestalte nicht mich in meinen Liebesbeziehungen. Ich fühle mich als Objekt, und es ist nicht unbedingt der Mann, der das so will. Ich fühle mich einfach so. Am Anfang einer Beziehung ein wenig attraktiv, stark und ein wenig sexy, mutig, aber dann völlig nebensächlich, nicht beachtenswert. Dadurch, daß ich nicht für mich aktiv werde, bin ich der Aktivität der Männer ausgeliefert und fühle mich hilflos. Ich fühle mich wie ein Kind von der Männersexualität übermachtet.

Meine sämtlichen Beziehungen endeten an diesem Punkt, als der sexuelle Alltag begann. Was hat das alles mit Liebe und Gehorsam zu tun? Vielleicht sehe ich schon etwas und will es aber nicht sehen?

»Ungehorsam war Sünde«

JOELLE B.: 36 Jahre, arbeitslose Lehrerin, zur Zeit Ersatzjob, geschieden, ein fast erwachsener Sohn.

Ich hatte Schwierigkeiten, mich auf das Thema einzulassen, weil mir schon klar ist, daß mit den Fragen eigentlich die Beziehungen zu Männern angesprochen werden; aber ich finde, daß sie auch andere Situationen betreffen könnten. In Liebesbeziehungen fällt es mir am schwersten, Erwartungen nicht zu entsprechen; im Beruf und auch sonst ist es schon leichter für mich, auch trotzig und bockig zu reagieren.

Aber grundsätzlich fällt es mir überhaupt schwer, ganz offen »Nein« zu sagen. Das ärgert mich. Ich gehe zwar mitunter nicht auf Anforderungen ein, grenze mich aber auch nicht richtig und eindeutig dagegen ab. Was Männer anlangt, ist mir noch der Spruch meiner Mutter im Kopf, daß es schrecklich ist, wenn die Frauen die Hosen anhaben wollen und man mit den Männern Mitleid haben muß, wenn sie zu schwach sind, um sich gegen solche furchtbaren Frauen zu wehren. Es ist klar, daß einen solche Aussagen als Mädchen beeinflussen.

Weil meine Mutter dem Vater im Geschäft geholfen hat, sind mein Bruder und ich überwiegend bei den Großeltern, die im

gleichen Haus wohnten, erzogen worden. Meine streng katholi-
sche Oma hat mich immer mit Drohungen traktiert, daß der
liebe Gott alles sieht. Mein Gefühl war, daß ich eine Todsünde
an die andere reihe. Beichten – das war die Zauberformel; aber
in dem muffigen Beichtstuhl mit dem unangenehmen Weih-
rauchgeruch (davon wurde mir als Kind immer schlecht, und oft
wurde ich ohnmächtig) fühlte ich mich wie auf der Folterbank.

Ich hatte das Gefühl, so tun zu müssen, als ob ich daran
glaubte, daß da jemand war, der alles wußte. Also, wenn er
existierte, auch wissen mußte, daß ich nicht richtig daran
glaubte. Manchmal war mir auch nicht klar, wieso etwas Sünde
sein sollte, obwohl es nicht in Omas Katalog (den Zehn Geboten) stand. Aber jeder kleinste Ungehorsam an sich war schon
Sünde.

Meine Mutter hatte immer die Erwartung an mich, daß ich
meine Oma nicht ärgern sollte. Oma war sowieso überfordert,
also mußte ich immer gehorchen. Durch diese Erwartung entstand ein enormer Druck, denn wenn die Oma anfing zu
schimpfen, wurde es unerträglich.

Auch heute noch habe ich oft dieses Gefühl, etwas Unrechtes
zu tun, etwas, was »Sünde« ist, wenn ich nicht auf die Erwartungen eingehe, die an mich gestellt werden. Ich rechtfertige mich
dann so lange, bis es dem oder den anderen auch merkwürdig
vorkommt. Meine Mutter erwartet zum Beispiel von mir, daß
ich Weihnachten zu ihr und dem Vater »nach Hause« komme,
und obwohl ich es seit Jahren schon nicht mehr will, fängt sie
bereits im Sommer mit dem Fragen an. Dann suche ich mir
krampfhaft eine Ausrede, versuche sie hinzuhalten und erzähle
ihr schließlich irgend etwas. Einen Grund, der so nicht stimmt
(Beispiel: Ich bin zu einer Reise eingeladen, die kann ich doch
nicht absagen), anstatt ihr zu sagen, daß ich nicht kommen *will*.

Das Nichtwollen ist ein Grund, den ich nicht vertreten kann,
ohne daß es mir fast schlecht wird. Einfach ein klares »Nein« zu
sagen, das ist unmöglich. Wenn ich schon nicht gehorchen will,
muß ich wenigstens einen akzeptablen Grund haben und darüber hinaus ein schlechtes Gewissen.

Ich versuche sogar immer und überall, wenn ich nicht gehorchen will, den Anschein zu erwecken, daß ich es ja tun würde, wenn nicht dieses oder jenes hinderlich wäre. Ich kann zu einem »Nein« nicht stehen. Wenn ich keinen Grund finde, der einleuchtet, dann sage ich auch heute noch oft »Ja« und ärgere mich dabei über meine Unfähigkeit und mich selbst. Im Gefühl ist ganz stark, daß ich abgelehnt werde, daß man mich zumindest weniger mag. Wenn ich also von jemand gemocht werden will, dann darf ich nicht »Nein« sagen. Wenn ich tatsächlich mal etwas ablehne, dann ist es meist so schwach, daß man es nicht wahrnimmt oder es nicht hören will.

In meiner letzten Beziehung zu einem Mann habe ich es öfter probiert, das zu sagen und zu tun, was ich wollte, aber das hat fast immer zu Kämpfen geführt. Ich mag keine Kämpfe, und ich war fast immer die »Besiegte«, weil ich mich nicht gut durchsetzen kann und an irgendeinem Punkt mit meiner Meinung wieder umfalle und nachgebe. Damit habe ich mich natürlich auch nicht gut gefühlt. Irgendwann waren in der Beziehung die Rollen so klar verteilt, daß nichts mehr ging. Mit meinen unbefriedigten Wünschen wurde ich für den Mann zu anstrengend, besonders wenn ich leise mit dem Hinweis kam, daß ich für ihn doch auch so viel tun würde – Dinge, die ich bestimmt nicht getan hätte, wenn ich nicht in der Hoffnung gewesen wäre, daß dann vielleicht auch etwas von ihm kommt.

Also Gehorsam, weil es erwartet wird und weil man sich umgekehrt eine Anerkennung dieses Gehorsams verspricht, in Form von Erfüllung eigener Wünsche, also Gehorsam vom anderen ...

»Der Mann gewinnt immer mehr an Macht«

LEA M.: 37 Jahre, gelernte MTA, jetzt Studentin der Psychologie im letzten Semester.

Mein Klischee von Weiblichkeit und Sexualität läßt mich in Beziehungen zu Männern immer wieder gehorsam werden. Ich habe ständig das Gefühl, die Vorstellung von männlicher Sexualität erfüllen zu müssen. Der Satz eines Mannes: »Die Frau ist

Klasse im Bett«, vielleicht so hingeworfen, hingesagt über irgendeine andere Frau, macht mich innerlich ganz verzweifelt.

Wenn ich die Beziehung zu einem Mann zulasse, gewinnt der Mann immer mehr an Macht, und meine Person geht unter in Blindheit, Taubheit und Ungehorsam mir selbst gegenüber. Gehorsam werde ich, wenn ich die Illusion von Liebe aufrechterhalten möchte, auch wenn längst klar ist, daß die Beziehung nicht geht. Das war auch in meiner letzten »Partnerschaft« so, die vor einigen Wochen zu Ende ging. Lange war es mir nicht möglich, die Augen aufzumachen und genau hinzuschauen, was wirklich zwischen uns läuft. Das hätte bedeutet, daß ich meine Wut und Empörung über manche Kränkungen und Verletzungen von ihm in Handlung hätte umsetzen müssen. Das war mir erst ganz, ganz spät möglich.

Hier sehe ich mein Muster von Gehorsam – nicht hinzuhören, was ich wirklich spüre. Ich finde alle möglichen Argumente, die diese Unterdrückung meiner Stimme rechtfertigen, zum Beispiel verschiebe ich das Handeln oft auf »morgen« oder auf das »nächste Mal«. In der konkreten Situation unterdrücke ich meine Wut und sage mir, beim nächsten Zusammentreffen wird es anders sein, da passe ich auf. Aber es gelingt mir selten. Ein Gefühl von Resignation und Hilflosigkeit, ein »Über-sich-ergehen-Lassen« und der Anspruch, die Schein-Atmosphäre aufrechtzuerhalten, nicht kompliziert erscheinen zu wollen und ähnliches bringen mich dazu, daß die Bedürfnisse des Mannes in meinen Augen befriedigt werden müssen. Mit dem Ergebnis, daß ich mich anschließend depressiv und unwohl fühle und mich dafür hasse.

Immer noch fällt es mir ungeheuer schwer, mir einzugestehen, innerlich hinzuschauen, daß ich einen schrecklichen Vater hatte. Ich muß weinen – Spannung im Kopf. Mein Vater, den ich als ganz kleines Mädchen sehr geliebt und bewundert habe, hat mich noch als Kind sexuell mißbraucht. Mir wird ganz schlecht, wenn ich jetzt daran denke, und mein ganzer Körper wird steinhart vor Spannung. Meine Mutter hat nichts gemerkt, und ich habe auch so getan, als ob nichts wäre. Äußerlich habe ich noch mit ihm geredet und bin auf ihn eingegangen, aber innerlich war ich weit weg und auf der Hut. Es war wie zwei Leben. Keiner hat etwas gemerkt, obwohl ich mich so geschämt habe und immer dachte, daß die anderen sehen müßten, daß mit mir etwas nicht stimmt.

Ich bin sehr früh von zu Hause weggegangen. Als ich ging, hat mein Vater geweint. Er wollte nicht und hat gejammert: »Bleibe hier, du bist doch alles für mich.«

Meine Mutter habe ich verachtet, weil sie sich von diesem Mann so mies behandeln ließ und sich überhaupt nicht wehren konnte. Es war grauenhaft, was sie sich an Beschimpfung und Herabsetzung hat gefallen lassen von ihm. Sie hat keinen eigenen Willen, keine Konturen als Person.

Noch immer wünsche ich mir einen erwachsenen Vater, einen, an den ich mich wenden kann, einen, der mir hilft und mir zeigt, wie ich mich wehren kann – anstatt mich so zu verletzen, daß ich mich oft lebensunfähig fühle. Wenn ich das Bild des Vaters in mir entstehen lasse, taucht trotz allem, was er mir angetan und kaputtgemacht hat, meist das Wunschbild auf, und ich biete innerlich alle meine Kräfte auf, es festzuhalten, um das andere Bild, so wie er wirklich war, zu unterdrücken. Manchmal ist es trotzdem schemenhaft zu sehen, aber ich beruhige mich damit, daß es eine Täuschung sein könnte.

Oft, oft spüre ich die Anstrengung, keine klaren Grenzen setzen zu können. Ich bin ständig bemüht, mich auf den Beinen zu halten. In mir ist viel Wut und viel Angst vor dieser Wut. Ich fürchte mich sogar davor, in meinen Träumen oder in meinem Unbewußten diese Wut zu lesen.

Noch habe ich es nicht gelernt (obwohl ich es will!), wie befreiend und lebendig es sein kann, Wut spontan zu äußern. Wut rauszulassen heißt für mich immer noch, den anderen ganz sicher zu verlieren. Wenn diese unterdrückte Wut in mir gärt, wird alles davon angesteckt, und selbst wenn die Situation vorher gut war, besteht die Gefahr, daß sie umkippt. In solchen Momenten habe ich ständig das Gefühl, auf Eis zu gehen, jeden Augenblick einbrechen zu können. Dieses Gefühl setzt sich um in Unsicherheit dem Mann gegenüber.

In der Sexualität ist es mit der Anpassung und dem Gehorsam

am schwierigsten für mich, zu wissen, was ich will. Wenn ich nicht auf die Wünsche der Männer eingehe, befürchte ich die Leere, die entstehen könnte, weil viele sagen: »Na, dann suche ich mir 'ne andere Frau. Die anderen machen das schon mit.« Aus dieser Angst gebe ich eher nach und fühle mich auch falsch bei dem Gedanken, daß andere Frauen toll finden könnten, was mich abstößt.

Meine Wünsche sind zaghaft, eher bittend – er steht auf dem Podest, und ich gehe allmählich unter. In einer Liebesbeziehung stolpere ich nur noch so, dann ist nichts mehr klar. Der Mann beharrt auf seinen Bedürfnissen; wenn ich das auch machen würde, träfen wir uns nie. Es käme nie zu einem Miteinander, wenn ich nicht einlenken, sondern auf meinen Wünschen ebenso beharren würde. Ich habe mich oft gefragt: »Was passiert wohl, wenn ich da nicht mehr mitmache? Wahrscheinlich entsteht dann ein großes Loch, und nichts mehr ist möglich. Gar nichts.«

Mein Bedürfnis nach Nähe, der Wunsch, berührt zu werden, ist sehr stark. Aber es fällt mir schwer, diese Wünsche zu äußern, weil ich mich im Laufe der Verliebtheit zu einem Mann immer mehr zurücknehme. Ich weiß und spüre, wie weit ich mich von mir entferne, wie groß mein Gehorsam ist. Mitunter so stark, daß mein Körper streikt (durch Schmerz, Verspannung, Übelkeit, Schwindel). Ich selbst habe ihn auch zum Instrument gemacht.

Mein Gefühl bzw. meine Befürchtung, daß umfassende Zärtlichkeit den meisten Männern zu langweilig ist, ist viele Male bestätigt worden. Auch, daß ein bestimmtes Äußeres gefragt ist, um als Frau begehrenswert zu sein – die Trennung von Gesprächs- und Sexualpartnerin. Im Zusammenhang mit meiner letzten Liebesbeziehung fällt mir ein, daß ich den Wunsch nach Zärtlichkeit zwar geäußert habe, aber ohne innere Überzeugung, daß es mir zusteht. »Irgendwie« habe ich mich immer dafür geschämt, so darauf angewiesen zu sein, es so zu brauchen, damit ich mich geliebt fühle und mein Körper zu seiner Sprache findet.

Mit dem Wunsch nach Zärtlichkeit war auch die Scham verbunden, als ob ich einen Mangel zugeben müßte. Mitunter beschlich mich sogar die Scham, daß ich dem Mann nicht auf Knopfdruck einen »geilen Orgasmus« liefern konnte, damit er hätte zufrieden sein können und ich auch mit mir, weil ich dann *die* Sexualpartnerin gewesen wäre, wie sie erwünscht ist.

Wenn ich es zulasse, daß der Mann sofort in mich eindringt, und er sich dann wundert oder sogar als Vorwurf äußert, daß ich keinen Orgasmus hatte, dann fühle – nein, fühlte ich mich als Versagerin.

Während ich die letzten Sätze schreibe, steigt wieder Traurigkeit und Anstrengung in mir hoch. Ich spüre Müdigkeit und Verzagtheit – ob ich je zu *meiner* Sexualität kommen werde?

»Wenn ich nicht strahlte, wenn er kam, liebte ich ihn nicht genug«

JUDITH K.: 36 Jahre, Lehrerin, nicht verheiratet, eine Tochter.

Gehorsam und Liebe sind in meiner Kindheit ganz eng miteinander verknüpft worden. Nur ein gehorsames Kind ist ein »liebes Kind«, das ein Recht darauf hat, geliebt zu werden. Nur wenn du das tust, was die anderen von dir erwarten, lieben sie dich. Auf diese Weise habe ich gelernt, meine »bösen Gefühle« von Wut, Ablehnung, Nichtwollen so zu frisieren, daß sie zu den moralischen Grundsätzen meiner Familie paßten und die Harmonie nicht störten.

Die Frauen meiner Familie haben mir ein selbstverleugnendes, im Grunde leidvolles Frauenbild vorgelebt, das ganz stark durch religiöse Grundsätze bestimmt war. Ich bin sehr streng katholisch erzogen worden und habe mich immer noch nicht wirklich von diesen masochistischen Wertvorstellungen innerlich befreien können.

Meine anerzogene Fähigkeit, mich allem anzupassen, wenn es bloß meinem Gegenüber guttut, ist sehr ausgeprägt. Besonders dann, wenn ich einen Mann liebe. Ich glaube, nur auf diese Weise seine Liebe erhalten zu können.

Die Beziehung zum Vater meiner Tochter, meinem ersten Partner, war davon geprägt, daß alles das gut und richtig ist, was für ihn schön und angenehm ist. Besonders was die sexuellen Erfahrungen anbelangt, kam ich als Person mit meinen Gefühlen darin nicht vor. Ich fühlte mich immer als Objekt seiner Lust, obwohl er mich, wenn wir miteinander geschlafen haben, oft aufgefordert hat zu sagen, was ich gerne mag und was ich nicht möchte.

In gewisser Weise habe ich mich selber zum Objekt gemacht, denn ich konnte auf seine Fragen nicht eingehen. Ich habe mich zum Beispiel nicht getraut, ihm zu sagen: »Deine Phantasien erschrecken mich, ich will sie nicht hören, bestimmte Phantasien machen mir angst.« Meine Angst, die Liebe zu verlieren, war größer, also blieb ich stumm.

Wenn ich daran denke, wie oft ich nur so getan habe, als ob es mir auch Spaß macht, ihm etwas vorgespielt habe, wird mir ganz schlecht, und ich fühle mich hilflos und elend, auch traurig darüber, was ich mir und ihm damit angetan habe. Aber ein Satz über die Männer: »Die wollen nur das eine, man läßt es über sich ergehen, sonst ist Liebesentzug die totale Bedrohung«, steckte ganz tief als Warnung in mir drin.

Wenn ein Mensch, der mir etwas bedeutet, lieb und freundlich zu mir ist, fällt es mir ungeheuer schwer, bei mir zu bleiben. Wie aus einem inneren Zwang bin ich erst einmal bereit, auf seine Wünsche einzugehen. Das geht mir nicht nur im Kontakt mit Männern so, aber im Umgang mit ihnen ist dieser Mechanismus besonders stark.

Normalerweise zeige ich im Umgang mit anderen Menschen nur die verbindlichen Seiten von mir. Mein innerstes Ich bleibt verborgen. Ich habe große Angst, verletzt zu werden, und schütze mich, indem ich den Eindruck vermittle, daß ich unabhängig und stark bin und meistens fröhlich und gut drauf. Damit fühle ich mich manchmal sehr einsam.

In meiner letzten Partnerschaft, die über viele Jahre ging und aus der ich mich nur ganz allmählich unter großen Trennungsschmerzen lösen konnte, war dieses Gehorsamsmuster besonders ausgeprägt. Es war quasi wie früher zu Hause. Es fing schon so an, daß ich bei unseren ersten heimlichen Treffen meine Gefühle, die ich damals für ihn hatte, ganz ehrlich gesagt habe und dann von ihm eins auf den Hut bekam, weil ihm das alles zu flach war gegen seine starken Liebesgefühle. Daraufhin habe ich mich nie mehr so »flach« geäußert. Von dem Zeitpunkt an habe ich mich nie mehr getraut, meine wahren Gefühle zu äußern, selbst wenn ich fühlte, daß sie stark und richtig waren.

Wenn ich nicht strahlte, wenn er kam, hieß es gleich, daß ich ihn nicht genug liebe. Also strahlte ich lange Zeit! Wenn ich nicht in meiner Wohnung war, wenn er kam, hieß das, daß ich keinen Wert auf seine Nähe lege. Also blieb ich möglichst viel zu Hause! Wenn ich einmal mit anderen Leuten etwas unternehmen wollte, hieß das für ihn, daß es mir mit ihm wohl langweilig sei. Also verzichtete ich auf den Kontakt mit mir lieben anderen Menschen. Als ich mit Tina schwanger war, sollte ich das Kind nicht bekommen, weil es nicht von ihm war. Damals hatten wir uns gerade kennengelernt. Da ich Tina behalten wollte, mich für das Kind entschieden habe, war das in seinen Augen eine ganz klare Entscheidung gegen ihn. Obwohl wir danach noch Jahre zusammen waren, hat er mir bei jedem Konflikt diese Entscheidung unter die Nase gehalten. Er hat meine Tochter nie akzeptiert.

Andere finden mich sehr hübsch. Er hatte immer etwas an mir auszusetzen, ich sei zu leger, zu wenig weiblich, nicht angemessen (für eine Lehrerin) gekleidet, zu provisorisch eingerichtet, zu offen, zu frei im Umgang mit anderen Menschen und und und. Trotzdem behauptete er immer wieder, daß ich die Frau seines Lebens sei, daß er mich liebe und brauche. Das alles hat mich völlig verwirrt. Nach acht Jahren, von denen die letzten beiden eine einzige Qual für mich waren, habe ich mich getrennt. Noch nach der Trennung sagt er zu mir, daß alles anders geworden wäre, wenn ich nur »auf ihn gehört« hätte. Mit anderen Worten: Wenn ich ein gehorsames Kind gewesen wäre, dann könnten wir auch heute noch zusammensein.

In der Beziehung zu ihm war die Panik, ihn zu verlieren, besonders groß. Als es mir in der letzten Phase immer schwerer fiel, mit ihm zu schlafen, ohne selber Lust zu haben, ihm das aber auch nicht sagen konnte, habe ich Blasenentzündung, Kopfschmerzen und Müdigkeit produziert. Das waren wenigstens

»objektive Gründe«. Als es mit uns schwieriger wurde, begann er die Beziehung zu einer anderen, sehr viel jüngeren Frau. Ich wußte davon lange nichts. Als ich davon erfuhr, hat er mich auch für diese andere Beziehung verantwortlich gemacht. Weil ich nicht auf das eingegangen bin, was er von mir wollte, brauchte er die andere Frau, obwohl er im Grunde nur mich will. Ich ließ mich sogar eine Zeit darauf ein. Es ist unglaublich!

»Ich fange immer wieder von vorne an, in der Hoffnung, daß es nun besser wird«

DAGMAR C.: 44 Jahre, Lehrerin, verheiratet, zwei Kinder.

Wenn ich über das Thema Liebe und Gehorsam nachdenke, lande ich innerlich sofort bei meiner Kindheit, obwohl der Zusammenhang in meiner Ehe auch eine Rolle spielt. Sicher sogar eine größere, als mir recht ist. Aber mir fällt es leichter, die Vergangenheit anzuschauen.

Gehorsam wurde von allen Erwachsenen verlangt: von der Mutter, den Kindergärtnerinnen, den Nachbarn, in der Kirche, in der Schule, eigentlich überall. Meine ersten sechs Lebensjahre habe ich in der Kriegs- und Nachkriegszeit allein mit meiner Mutter und der jüngeren Schwester gelebt. Der Vater war im Krieg. Als Älteste mußte ich immer vernünftig sein. Ich hatte ständig Schuldgefühle der Mutter gegenüber, weil ich keineswegs immer gehorsam war. Ab und zu wurde ich von ihr furchtbar verprügelt. Einmal, weil ich bei Regenwetter mit dem einzigen Paar Schuhe, das ich besaß, durch die Pfützen gelaufen war. Dieses strikte Verbot mußte ich oft wie unter Zwang übertreten, obwohl der »gelbe Onkel« (Stock mit gelber Farbe) oben auf dem Küchenschrank darauf wartete, meinen Ungehorsam zu bekämpfen.

Richtig schlimm wurde es aber erst, als der Vater aus dem Krieg zurückkam. Ich litt sehr unter seinem Jähzorn. Von ihm wurde ich sehr oft verprügelt. Als Anlaß genügte ihm, wenn ich seine Schuhe nicht geputzt hatte oder die Schulaufgaben noch nicht fertig waren, wenn er abends von der Arbeit kam. Zwischen meinen Eltern gab es oft lautstarke Schreiereien und schreckliche Szenen. Merkwürdigerweise wurde hauptsächlich ich für die Eheschwierigkeiten verantwortlich gemacht. Dabei habe ich mir große Mühe gegeben, alles recht zu machen, um bloß jeden Krach zu vermeiden.

Mein einziger Fehler war der, daß ich schrecklich gern las, ab und zu beim Lesen völlig versank und nichts mehr sah und hörte, wenn jemand etwas von mir wollte. Das wurde mir oft zum Vorwurf gemacht, daß ich mit Lesen meine Zeit verschwende, anstatt nützliche Sachen zu machen und zu helfen. Heute denke ich, daß das Lesen meine Möglichkeit des Rückzugs war, wenn es in der Familie unerträglich wurde. Ich lese heute noch leidenschaftlich gerne.

In der Kindheit waren meine Gefühle dem Vater gegenüber große Angst und Unsicherheit, in der Pubertät oft auch Haß. Sehr viel später, als Erwachsene, kam Mitleid hinzu. Bei uns zu Hause herrschte Katastrophenstimmung, ständig. Wenn ein Ehe- oder Familienkrach vorbei war, hoffte ich ständig von neuem, daß nun alles besser werden würde. Meine Mutter war keine Hilfe. Sie konnte sich auch nicht gegen meinen Vater wehren. Ich habe mich eng an meine Schwester gehalten. Wir haben uns manchmal getröstet, wenn wir zusammen Angst hatten.

Die Gewalt und der Jähzorn meines Vaters, man mußte immer mit dem Schlimmsten rechnen, hat aus mir ein sehr schüchternes Kind gemacht. Einmal, ich war ein Schulkind, etwa sieben Jahre alt, suchte ein unbekannter Mann in unserem Wohnviertel nach einer Hausnummer und fragte mich, ob ich ihm nicht helfen könnte beim Suchen. Ich hatte Angst und ein komisches Gefühl. Ich ging mit ihm von Hauseingang zu Hauseingang, obwohl ich nicht wollte! Am liebsten wäre ich weggelaufen. Meine Angst wuchs von Tür zu Tür. Ich traute mich nicht, wegzurennen. Wie unter einem Zwang ging ich weiter mit. In einem Treppenhaus kam es dann zu sexuellem Mißbrauch. Weil er mich mit einem Messer bedrohte, stand ich dabei Todesängste aus. Dieses Erlebnis war lange in meiner Erinnerung verschüttet. Erst in einer Therapie fiel es mir auf Befragen meiner Therapeutin wieder ein, Jahrzehnte später. Durch einen glücklichen Zufall konnte ich damals in der großen Gefahr doch noch weglaufen. Vielleicht wäre sonst noch Schlimmeres passiert. Ich lief mit Angst, Scham und Peinlichkeitsgefühlen nach Hause. Niemandem konnte ich davon erzählen.

Danach stellte sich bei mir ein Tick ein. Lange Zeit litt ich unter dem Zwang, ständig den Mund aufreißen und die Augen zukneifen zu müssen. Heute denke ich: Wie hätte ich mich gegen den Mann wehren können, wenn doch zu Hause der kleinste Widerspruch bestraft wurde und Sich-Wehren ganz unmöglich war?

In der Pubertät ließ ich mich dann auch von Jungen auf Feten küssen, obwohl ich gar keine Lust dazu hatte, einfach weil es sehr gefragt war. Nach dem Abitur bin ich von zu Hause weggegangen, und obwohl ich mir erst wenig zugetraut habe, war die Zeit des Studiums wie eine Befreiung. Das war wie ein Wunder, daß die Profs mich anständig behandelt haben.

Mit 25 Jahren verlobte ich mich mit einem Kollegen, in den ich verliebt war. Mit ihm entdeckte ich die Sexualität und genoß das auch. Die Verlobung erfolgte unter dem Druck von außen, sonst bald »keinen Mann mehr abzukriegen«. Als es schließlich ans Heiraten gehen sollte, trennte ich mich aus unerklärlichen Gründen und dem Gefühl, daß er vielleicht doch nicht ganz der Richtige für mich sei.

Ich heiratete dann einen anderen Mann, mit dem anfangs die Sexualität auch noch ganz schön war, aber später ging ich öfter nur aus Pflichtgefühl und Gehorsam auf seine Wünsche ein. Eine innere Stimme sagte mir, daß ich das tun muß. Die noch mehr innere Stimme sagte: »Ich will eigentlich gar nicht.« Aus Gehorsam ging ich mit diesem Partner in eine Therapiegruppe, weil er es so wollte und wichtig fand. Oft nahm ich müde und kaum aufnahmefähig an den Sitzungen teil, hatte mich von der Schule völlig k. o. dahin geschleppt, ohne irgendeine Pause gehabt zu haben. Ich dachte mir, daß mein Partner, die Gruppe und der Therapeut das von mir erwarten. Wir haben uns trotz der Therapie nach einigen Jahren freundschaftlich getrennt.

In meiner zweiten Ehe glaubte ich anfangs, endlich das große

Glück gefunden zu haben, nämlich einen Mann, den nicht nur ich verwöhne, sondern der mich auch verwöhnt. Es war eine Weile schön, aber nach der Geburt unserer beiden Kinder wurde die Beziehung immer schlechter.

Mein Partner verweigert sich in der Mitarbeit, weil er angeblich selber genug zu tun hat (er hat einen kleinen eigenen Betrieb). Ich nehme ihm diesen Grund aber nicht immer ab. Wenn er aber doch einmal fragt, ob er mir helfen kann, antworte ich merkwürdigerweise gegen mein inneres Gefühl und Bedürfnis: »Ich schaffe das schon.«

Dabei fühle ich mich oft total unter Druck, alles bewältigen zu müssen: Kinder, Haushalt, Beruf und Partnerschaft. Wegen der ständigen Überforderungsgefühle nörgele und meckere ich sehr oft, was natürlich gar nichts nützt, außer daß schlechte Stimmung entsteht. Eigentlich habe ich meinen Mann gerne und finde auch, daß er manches ganz gut macht, aber in Krisenzeiten sehe ich nur noch, daß er »alles falsch« und ich »alles richtig« mache. Aus meiner Überanstrengung ziehe ich dann ein moralisches Überlegenheitsgefühl. Es stimmt, daß ich ihn (er ist ein paar Jahre jünger als ich) mitunter als unterlegen empfinde. Ich behandle ihn dann wie ein Kind und denke, daß ich kompetenter bin, die Kontrolle über unser Leben zu bewahren. Dagegen wehrt er sich, wird laut, beschimpft mich.

Zum Beispiel traue ich ihm auch nicht zu, daß er die Kinder richtig betreut, obwohl meine Freundinnen mir oft sagen, daß das nicht stimmt und ich mir bloß was vormache.

Neulich sagte meine jüngere Schwester: »Merkst du denn nicht, daß es genauso ist wie bei Papi und Mami?« Das hat mir doch einen Schrecken versetzt.

»Liebe und Schmerz war lange für mich dasselbe«

Susanne M.: 32 Jahre, Redaktionsassistentin, verheiratet, ein Kind.

So gut wie keine Assoziationen. Als Kind natürlich absolut gehorsam. Ich hatte oft das Gefühl, daß Kinder nur angeschafft werden, um Diener zu haben. Was als Ungehorsam von meiner

Mutter empfunden wurde, war mein häufiges Weinen (mit Ohrfeigen bestraft) und angebliches Lügen (mit Rohrstockschlägen). Aber wie ich heute meinen Gehorsam (aus-)lebe...? Vielleicht bin ich in der Beziehung zum Partner gar nicht gehorsam?

Recht unwahrscheinlich! Ich beuge mich der Vernunft, fällt mir gerade ein. Die Vernunft liegt meist, fast immer, beim Partner. Wenn ich sehe, wie Freundinnen mit ihren Partnern umgehen, bin ich oft überrascht. Ich denke: Das könnte ich mir nicht erlauben! Die trau'n sich was. Und die Männer lassen es sich meist recht gut sagen oder gefallen. Mein Partner würde eingeschnappt, verärgert, genervt oder gekränkt reagieren. Jedenfalls denke ich das. Doch, so ist es auch oft. Beispiel: MASCHA telefoniert mit CARL: »Ja, SUSANNE ist gerade bei mir, wir haben uns einen gemütlichen Abend gemacht und wollen was kiffen.« Ich finde das gut, daß sie das mit dem Kiffen so locker und selbstverständlich erzählt. Ich hätte gezögert, ob ich es meinem Partner überhaupt erzähle. Und wenn ich mich dazu durchgerungen hätte, wäre es auch eine kleine Mutprobe, weil ich weiß, daß er Kiffen nicht mag.

Er bevorzugt bei sich und anderen klare Köpfe. Bei mir spielte aber auch noch mit, daß ich mir damit unerlaubte (von ihm unerlaubte) Lebensfreude verschaffe. Schuldgefühle! Das erzähle ich MASCHA, und sie sagt, daß CARL tatsächlich zum Kiffen spaßig anmerkte: »Aber nicht zuviel!« Also sehe ich auch bei ihm eine Basis für meine Schuldgefühle. Auch er will nicht, daß MASCHA (ohne ihn) »zuviel« Spaß hat.

Ich bin in letzter Zeit sensibel dafür geworden, wie der H. manchmal mit mir spricht. Wir waren verreist und hatten uns beide drauf gefreut. Es waren noch andere Leute mit. Und mir fiel auf, wenn der H. sich zu mir wandte, daß im Gespräch immer so was rauskam, von unten nach oben. Ich hatte ihm zum Beispiel gesagt, daß ich mich so aufs Pilze-Suchen freue. Er: »Das kannste doch vergessen, die kann man sowieso nicht essen.« Ich: »Wieso, ich rauche soviel, da kann ich auch die Radioaktivität in Kauf nehmen.« Er zu mir: »Was schwätzt denn du für'n Scheiß raus.« Ich sauer: »Wie redest du eigentlich mit mir?« Er wieder: »Na, das ist doch völlig unmöglich, was da von dir kommt.« Ich meine, über meinen Standpunkt kann man auch reden. Er hätte mir ja sagen können: »Damit tust du dir nix Gutes an oder so«, aber den Ton und die Art von ihm fand ich schlimm.

Ich hab' genau gemerkt, daß der gar nicht weiß, was los ist, als ich ihn darauf aufmerksam gemacht habe. Es gab noch mehrere kleine Beispiele an dem Wochenende, und ich war ziemlich deprimiert. Er hat nicht verstanden, was ich meine. Als wir wieder zu Hause waren, habe ich ihm gesagt, daß ich nichts gegen ihn habe, nur weil ich mich an den Stellen wehre, wo ich denke: »Wie geht denn der mit mir um?« Ich fand das sogar positiv, daß ich da sensibler geworden bin und aufpasse: »Nee, so nicht!« Habe dann auch gesagt, daß ich ihn mag und es nur punktuell diese Situationen sind. Am Ende dieses Gesprächs hat er wieder nur gesagt, wie schwierig doch alles ist, und ich habe gedacht: »Wozu erzähle ich ihm überhaupt, wie ich das sehe?«

Da ist mir aufgefallen, daß ich ihn zwar kritisiert habe, aber dann wollte ich ganz schnell die Distanz wieder überbrücken und Nähe herstellen. Das ist ein kritischer Punkt bei mir, wenn Trennung oder Distanz droht, das kann ich schlecht aushalten. Fällt mir schwer.

Also bin ich doch wohl an manchen Stellen gehorsam. Bei den Männern scheint das anders zu sein. Wenn die sich doch einmal anpassen, vielleicht erleben sie das sogar so, daß sie sich dann auch dafür entscheiden.

Über Liebe habe ich ja nun gar nix geschrieben, fällt mir auf. Für mich waren Liebe und Schmerz lange dasselbe. Das fing schon bei meiner Mutter an. Die hat immer gesagt: »Mutterliebe gibt's nicht. Es gibt nur Versorgung.« Und so war's auch. Versorgt worden bin ich irgendwie, aber geliebt worden nicht. Erwünscht war ich schon gar nicht. Meine Mutter wollte keine sein. Ich durfte ihr gar nicht in die Nähe kommen, das war schon zuviel. Als ich noch ziemlich klein war, hat sie mich für ein Jahr einfach ins Heim gegeben. Ich wußte gar nicht, was los war. Auf einmal war sie weg. Sie hat mich das ganze Jahr nicht besucht. Ich war so ein kleines Würstchen und habe kaum gegessen und immer viel geweint. Das war den Schwestern wohl auch komisch, daß da nie ein Mensch zu Besuch kam.

Als sie mich schließlich wieder abgeholt hat, in der Zeit danach, bin ich ihr sogar auf die Toilette hinterhergelaufen, aus Angst, sie könnte wieder weggehen und mich zurücklassen. Ich glaube sogar, daß ich gejammert habe: »Bitte, bitte, hau mich, aber geh nicht weg.« Das mochte sie natürlich nicht, und dafür wurde ich bestraft, wegen dieser Heulerei.

Wenn ich ihr was erzählen wollte, sagte sie immer: »Denk nach, bevor du redest.« Sie wollte in Ruhe gelassen werden und hat mir auch oft klargemacht, daß ich keine Ansprüche zu stellen habe. Wahrscheinlich hängt es mit ihr zusammen, daß Liebe für mich richtig weh tun muß, sonst ist sie keine. Im Grunde auch so, daß man nicht rankommt an den anderen. Keine Chance, aber im Kopf tausend schöne Phantasien. Ich habe lange Zeit wie süchtig Liebesromane gelesen. Richtigen Kitsch, mit Herz und Schmerz, bei dem ich mich schön ausheulen konnte.

Ich bin immer mit dem Gefühl rumgelaufen: »Mich liebt keiner.« Als ich H. kennenlernte, hat der es sich wohl zur Aufgabe gemacht, mich vom Gegenteil zu überzeugen. Aber das ist nicht so leicht. Ich sammle immer Gegenbeweise. Leute, die mich mögen oder sagen, daß sie mich mögen, bewegen sich auf dünnem Eis – eine falsche Bewegung, und sie brechen ein.

Seit einem Jahr gehe ich in eine therapeutische Frauengruppe. Das ist zwar jede Woche wieder schwierig, weil gerade mit den Frauen die ganze Muttergeschichte wieder auflebt und ich oft das Gefühl habe, die anderen kriegen mehr, die werden mehr geliebt, die nimmt man ernst, mich will keine... Aber inzwischen hat sich auch schon etwas geändert. Zumindest bin ich nicht mehr süchtig nach Schmerz. Das ist schon was.

»Diese panische Angst, ihn zu verlieren«

BRITTA K.: 26 Jahre, Studentin, seit einem Vierteljahr (erstmalig) keine Beziehung zu einem Mann.

Wie oft habe ich schon den Anlauf genommen, dir zu dem Thema »Liebeszwang« zu antworten! Immer wieder setze ich neu an und verwarf meine Gedanken jedoch schnell wieder. Jetzt, wo ich mich seit ca. einem Vierteljahr aus meiner letzten Beziehung gelöst habe, hoffe ich, doch noch etwas schreiben zu können. Innerhalb der Beziehung war es mir kaum möglich, diesem Thema nachzugehen. Nun, da ich mich vorerst für »geschlechtslos« erklärt habe, kann ich mich langsam mit diesem Thema, im Zusammenhang mit mir selbst, beschäftigen.

Wenn ich an Gehorsam denke, fühle ich mich gespalten. Äußerlich bin ich wohl sehr gehorsam, aber innerlich rebelliert alles in mir. Anders ausgedrückt, mein Körper ist gehorsam, erfüllt alle an ihn gerichteten Wünsche, im Hinblick auf Sexualität besonders, aber meine Gefühle sind ungehorsam. Sie gehen andere Wege als mein Körper.

Sie gehen meine von mir gewünschten Wege. Wahrscheinlich wird das an einem Beispiel deutlicher, was ich meine. Von dem Moment an, als das passierte, was ich jetzt schreibe, erklärte ich mich für geschlechtslos:

Ich hatte mich seit zehn Tagen von meinem Partner getrennt. Er wollte mich jedoch immer wiedersehen, und ich ging auch darauf ein, weil ich mir wünschte, daß er die Trennung versteht. Sonst hätte ich mich durch ihn bedroht gefühlt. Als er zu mir kam, bat ich ihn, bevor wir über die Ursachen der Trennung zu sprechen angefangen hatten, mich nicht anzufassen, in den Arm zu nehmen oder den Wunsch an mich zu richten, daß er mit mir schlafen wolle. Ich erklärte ihm, daß ich das Gefühl hätte, mich nicht wehren, nicht »Nein« sagen zu können, obwohl ich auf gar keinen Fall mit ihm Zärtlichkeiten oder Sexualität würde haben wollen. In dem eigentlichen Gespräch fing ich an einer Stelle sehr zu weinen an. Es war sehr anstrengend für mich.

Er kam mir dann doch näher, ich bat ihn nochmals, nicht mit mir schlafen zu wollen. Aber es wurde nicht gehört! Mein

Körper handelte völlig konträr zu meinem Nichtwollen. Ich gab und gab all meine Zärtlichkeit. Als ich merkte, wie ein Orgasmus in mir aufstieg, kämpfte ich dagegen an. Dieser Mann tat nichts für mich, er achtete überhaupt nicht auf mich und meine Wünsche. Und wenn ich schon nicht imstande war, ihm die Sexualität zu verweigern, wollte ich ihm auf keinen Fall den Orgasmus geben.

Aber mein Kampf gegen den Orgasmus war vergeblich! Der Mann war überglücklich, und ich zitterte am ganzen Körper. Mir schwindelte! Mir war eiskalt! Wieder einmal, wie schon öfter, fühlte ich eine Ohnmacht in mir aufsteigen und bat den Mann, mich in den Arm zu nehmen und festzuhalten. Er sagte nur, das könnte er nicht, er wüßte gar nicht, was eigentlich mit mir los sei. Ich sei so weiß im Gesicht.

Er zog sich an und ging, ohne etwas zu sagen. Anfangs befreite mich ein Weinen, aber dann kamen quälende Gedanken: »Wer soll mir jetzt noch glauben, daß ich nicht mit ihm schlafen wollte?«

Ich haßte meinen Körper, ich haßte ihn wegen des Orgasmus, den ich nicht zulassen wollte und der trotzdem kam. Ich versprach, schwor mir, nie wieder in eine solche Situation zu kommen.

Ich schwor mir, herauszufinden, warum ich so handle. Ich habe mich an eine Therapeutin gewandt, um endlich Hilfe zu bekommen. Allmählich sehe ich, daß ich mich in den Beziehungen zu Männern immer selbst unter den Zwang gestellt habe, alles für ihn zu tun, alle seine Wünsche zu erfüllen, um ihn nicht zu verlieren. Vor dem Verlust habe ich eine panische Angst, die ich aus der Beziehung zu meinem Vater kenne. Als ich dreizehn Jahre alt war, wollte er sich von meiner Mutter trennen. Wenn er das Vorhaben damals ausgeführt hätte, wäre es für mich mein Untergang gewesen. Wenn ich ihn nachts, nach einem Streit mit meiner Mutter, fortfahren hörte, rannte ich ihm auf der Straße im Nachthemd hinterher und wartete so lange, bis ich vor Kälte schlotterte und wieder in mein Bett kroch. In großer Angst, daß er nicht wiederkommen würde, blieb ich wach, bis ich ihn hörte. Dann erst schlief ich ein.

Mit diesem Zwang zum Gehorsam in der Beziehung zu Männern hatte ich mich all die Jahre so arrangiert, daß er mir überhaupt nie aufgefallen ist. Du fragst nach Verbundenheit. Verbunden fühle ich mich nur mit sehr, sehr wenigen Frauen. Langsam fange ich auch an, Verbundenheit in Beziehungen zu wenigen Männern zu spüren, obwohl ich dann eine körperliche Beziehung von Anfang an ausschließen muß.

Sosehr mich das selbst erschreckt, Verbundenheit zu meinen Liebespartnern habe ich, glaube ich, noch nie wirklich empfunden. In diesen Kontakten war mein einziges Bestreben, ihn nicht zu verlieren. Dafür habe ich alles getan, bis zur Selbstaufgabe. Für mich ist es jetzt sehr, sehr wichtig, daß ich mein Versprechen, das ich mir selbst gegeben habe, auch halte: bevor ich nicht Vertrauen in mich selbst haben und mich schützen kann, keine neue Beziehung zu beginnen. Das ist lebenswichtig für mich.

V. Kapitel

Zur Symbiose von weiblicher Liebe und männlicher Gewalt

1. Frauen lernen zu lieben – Männer lernen sich lieben zu lassen

»Jeder hat seinen Krieg wie er seinen Tod hat, es geht absolut nicht darum, ihn zu erleiden wie eine Katastrophe, sondern man hat ein Sein zum Krieg, wie man ein Sein zum Tod hat«, schrieb J. P. SARTRE unter dem Eindruck des Zweiten Weltkrieges 1939 in einem Brief an seine Lebensgefährtin SIMONE DE BEAUVOIR. Bekanntlich korrigierte Sartre diesen uneingeschränkten Freiheitsbegriff später. So äußerte er sich 1969 in einem Interview dahingehend, daß es von ihm falsch war zu denken, daß jede Situation eine freie Entscheidung zuläßt. Wörtlich meinte er: »Unfaßbar, daß ich das wirklich geglaubt habe.«

Aber obwohl Sartre erkannt hatte, daß der Freiheitsspielraum des Menschen Grenzen hat, zum Beispiel durch die historische Situation, die Familie und die Klasse, in die er hineingeboren wird (er vergaß in diesem Zusammenhang, daß auch das jeweilige Geschlecht begrenzend wirkt), hat er in seiner Existenzphilosophie immer wieder in provokanter Weise darauf aufmerksam gemacht, daß wir für uns selbst und für die Bedingungen, unter denen wir leben, Verantwortung tragen.

Wenn ich diese Sichtweise auf das Thema des Buches anwende, kann ich das oben erwähnte Zitat zu der Frage umformulieren: »Haben wir ein Sein zur Liebe? – Leben und erleben wir die Liebe, die wir verdient haben?« Wir befinden uns nicht zufällig oder auf Grund eines Naturgesetzes in der heutigen Liebes- und Beziehungskrise. Das Desaster ist das zwangsläufige und folgerichtige Resultat einer Dynamik, die weit in die Entwicklungsgeschichte der Menschheit zurückreicht und an der sowohl Männer als auch Frauen auf charakteristische Weise beteiligt waren und sind.

Wo liegen die Wurzeln für jenes wenig glückhafte und so häufig zerstörerische Arangement zwischen den Geschlechtern? Wie konnte es dazu kommen, daß die Frauen zu einseitigen »Liebesexpertinnen« wurden, während die Männer im Laufe der Geschichte ungehindert zu »Gewaltspezialisten« werden konnten? Diesen Fragen möchte ich im folgenden Teil nachgehen.

Das Wesen der Geschlechterrollen, so wie wir sie heute kennen, die Teilung von Verantwortung, Möglichkeiten und Privilegien, die zwischen männlichen und weiblichen Personen herrscht, und die damit einhergehenden Muster gegenseitiger Abhängigkeit entstammen vor allem der universellen Grundtatsache, daß den Frauen die Aufgabe delegiert wurde, in erster Linie für die Pflege und Aufzucht der Säuglinge zuständig zu sein. Frauen haben diesen Part nicht gewählt, sondern er schien körperlich, emotional und technisch notwendig, um das Überleben der menschlichen Rasse zu sichern.

Unser Körper, das große Gehirn, die beweglichen Hände und der aufrechte Gang sind Ergebnis eines Lern- und Anpassungsprozesses an die Veränderungen der Umwelt. Unter den Primaten ist das Menschenkind-Verhalten eine Ausnahme. Von allen Affenarten ist bekannt, daß sich das Junge gleich nach der Geburt an die Mutter klammert. Um diese Leistung zu erbringen, muß sein Zentralnervensystem in einem fortgeschrittenen Entwicklungsstadium sein. Beim menschlichen Fötus liegen die Dinge anders. Damit die Geburt überhaupt stattfinden kann, muß das Gehirn relativ klein sein. Zur selben Zeit, als der Werkzeuggebrauch beim Menschen das größere Gehirn erforderte, wurde durch die zweibeinige Fortbewegung der knochige Geburtskanal bei der Frau enger. Das hatte zur Folge, daß der Fötus in einem früheren Entwicklungsstadium entbunden werden mußte. Diese frühere Entbindung wurde jedoch nur deshalb möglich, weil die inzwischen aufrecht gehende Mutter ihre Hände nicht mehr zum Laufen benötigte und nun den hilflosen Säugling halten konnte.

Die Frauen, die ein Kind hielten, konnten selbstverständlich nicht mehr jagen, da sie sich nur langsam fortbewegen durften. Während der Mann weiterhin Jäger oder Sammler war, entstand für die Frau die Verpflichtung, für das sich langsam entwickelnde Kind zu sorgen.

Die so entstandene soziale Organisation menschlichen Zusammenlebens, die in der biologischen Geschichte wurzelt, prägte fortan die elementaren Geschlechtsmuster. Es erschien demnach »natürlich«, daß die Frauen gezwungen waren, ihre Fähigkeiten und Kräfte bei der Pflege der Art einzusetzen. Das ursprüngliche Not-wendige wurde so scheinbar zum Teil der *conditio humana* vor allem der Frauen und nicht mehr grundsätzlich in Frage gestellt. Wir befinden uns also in der absurden Situation, daß trotz einer hochtechnisierten Umwelt und völlig veränderter Lebensbedingungen die Pflege und Aufzucht der Kinder, wie in den Anfängen der Menschheitsgeschichte, nach wie vor überwiegend Aufgabe der Frauen ist. Die mit dem »Muttern« verbundenen konkreten Tätigkeiten – und nichts anderes – machten sie im Laufe der Jahrtausende zu Spezialistinnen für bestimmte menschliche Fähigkeiten, was zu der Annahme führen konnte, daß Frauen »von Natur aus liebesfähiger« sind als die Männer.

In ihrem Buch »Das Arrangement der Geschlechter« befaßt sich Dorothy Dinnerstein mit der Frage, warum so hartnäckig an diesen überalterten und inzwischen lebensbedrohlich gewordenen Rollenkonstellationen festgehalten wird. Sie schreibt: »Die bestehende Symbiose zwischen Männern und Frauen ist mehr als nur ein Produkt gesellschaftlichen Zwangs. Sie ist Teil der neurotischen Gesamteinstellung, mittels derer Menschen, männliche wie weibliche, mit massiven psychologischen Problemen fertig zu werden versuchen, die der Situation unserer Spezies zugrunde liegen.« Eine tiefverwurzelte Angst vor Veränderung dieser scheinbar natürlichen Rollenverteilung wird von ihr als wesentlicher Grund dafür aufgedeckt, warum die Menschen sich weigern, sich der Unerträglichkeit dieser Symbiose bewußt zu werden und sie aufzulösen. Frauen lieben es zu lieben, und Männer lieben es, geliebt zu werden! Beiden Geschlechtern bietet diese Situation eine bestimmte Art von Sicherheit bezüglich ihrer Identität und Möglichkeiten zur Ausübung von Macht.

Der größte Unterschied, der aus dieser Tatsache erwächst, ist, daß an Frauen die Erwartung gerichtet wird, Leben zu gebären und es zu schützen, während vom Mann potentiell angenommen wird, daß er zum Killen fähig ist.

In diesem Zusammenhang verdient es besondere Aufmerksamkeit, welche Folgen und Auswirkungen es hat, daß jedem Menschen die Welt und das Leben von einer Frau nahegebracht wird. Sie ist für (fast) jedes Kind am Lebensanfang die Person, die alle wesentlichen Gefühle bereitet, sie ist die Quelle unkontrollierbarer Lust und gleichzeitig erste Bestraferin.

Für beide Geschlechter ist eine weibliche Person auch die erste Liebespartnerin. Wir werden sehen, daß diese grundlegende Erfahrung von Mädchen und Jungen völlig unterschiedlich verarbeitet wird. Da Mädchen von ihren Müttern als ähnlich erlebt werden, findet ihre geschlechtliche Identitätsbildung in der bestehenden Beziehung statt, Erlebnisse von Verschmelzung und Bindung prägen das weibliche Selbstgefühl und führen zur Identifikation.

Bei den männlichen Kindern ist das ganz anders. Sie werden von den Müttern ziemlich früh als männlicher Gegenpol erlebt und müssen, um zu ihrer geschlechtlichen Identität als Mann zu kommen, einen deutlichen Trennungsschritt vollziehen. Aber, und da liegt ein ungeheurer Unterschied zu der Erfahrung von Mädchen, die Jungen können damit rechnen, wieder Liebe und Geborgenheit bei einer Frau zu erfahren.

»Männer gehen von ihren Müttern weiter zu anderen Frauen; im großen und ganzen haben sie in ihrem Leben immer die Geborgenheit bei einer Frau. Sie können sich auf die Beziehung verlassen. Dieses Gefühl, daß man da jemand hat, und die Sicherheit, die es erzeugt, gestattet es dem Mann in einer Beziehung, sich eigenständiger zu fühlen, sich an Betätigungen außerhalb der Beziehungen zu beteiligen, im Vertrauen darauf, daß die Frau da ist und auf ihn wartet.

Bei der Frau erzeugen jedoch ihre Kindheitserfahrungen und ihre Psyche die Angst, sie werde den geliebten Menschen verlieren, sie werde ihr Abhängigkeitsbedürfnis zügeln müssen, sie dürfe nicht erwarten, emotional versorgt zu werden, sie werde weggestoßen werden. Bei der Mutter ist ihr das passiert. Auch der Vater kommt und geht. Für die Frau gibt es also kein solches Vertrauen darauf, daß ein geliebter und gebrauchter Mensch sicher für sie da sein wird. Da ihre Bedürfnisse nach emotionaler Abhängigkeit abgeschnitten werden und weil sie sie nicht direkt ausdrücken kann, zeigt sie in einer intimen Beziehung vielleicht eine gewisse Tendenz, sich anzuklammern. Weil sie unsicher ist, nistet sie sich vielleicht übermäßig im Leben ihres Geliebten ein, um eine sichere Kontinuität empfinden zu können. Sie erschafft die Kontinuität von sich aus« (aus: Feministische Psychotherapie, von LUISE EICHENBAUM und SUSIE ORBACH).

Die Mädchen müssen also lernen, auf ihre erste erotische Neigung zu verzichten (falls sie nicht lesbisch lieben werden), und sie von der Mutter auf den Mann-Vater übertragen. Das ist ein verlustreiches, schmerzliches und schwieriges Geschehen, das möglicherweise im Laufe der Entwicklung stark verdrängt wird. Hier liegt ein meist unbewußter Zusammenhang für die häufig sehr konfliktreichen und angespannten Mütter-Töchter-Beziehungen.

Während beide Geschlechter die Mutter bei ihrer »Liebesarbeit« in der Familie erleben und beobachten – wie sie pflegt, tröstet, zuhört, ermutigt, nährt, für ein Heim sorgt und den Alltag organisiert –, entsteht für die Kinder nicht der Eindruck, daß sie eine klar konturierte Person mit eigenem Leben ist. Selbst wenn die Mütter neben ihrer Familien- und Hausarbeit in einem Beruf arbeiten, der zum Lebensunterhalt beiträgt, oder, wie bei alleinstehenden Müttern, ausschließlich zur Sicherung der Kosten dient, werden sie von den Kindern meist in einer Weise wahrgenommen, aus der hervorgeht, daß diese sie eher wie ein ständig zur Verfügung stehendes Naturelement betrachten und beanspruchen.

Für beide Kinder ist im Grunde der Vater der interessantere Teil. Ihm ist es gestattet, nicht zur Verfügung zu stehen. Im Gegensatz zur selbstverständlichen Anwesenheit der Mutter kommt und geht er anscheinend, wie er will. Sie erleben, daß für ihn andere Belange wichtiger sind; berufliche und sachliche Aufgaben beanspruchen sein Interesse. Bei der Mutter nehmen persönliche Fragen und die Bemühung um Beziehung sehr viel Raum ein, selbst wenn sie darüber klagt oder wütend ist. Der Mann-Vater ist abwesend und beansprucht gerade durch seine

Abwesenheit ganz offensichtlich Aufmerksamkeit. Die Mutter wartet auf ihn, wie die Kinder bemerken.

Diese Eindrücke sammeln sie nicht zur zu Hause, sondern auch in der Öffentlichkeit. Hinsichtlich der unterschiedlichen Bedeutung von Frauen und Männern sind sie einer permanenten Beeinflussung ausgesetzt, die ihr geschlechtliches Selbstverständnis und ihre Wahrnehmung überhaupt prägt. Um die unterschiedlichen Konsequenzen aus diesen Erfahrungen noch einmal deutlicher zu machen, erscheint es mir sinnvoll, den jeweiligen Entwicklungsverlauf in groben Zügen zu skizzieren.

Die Situation des Mädchens auf dem Weg zur liebesfähigen Frau

Der berühmte Satz von Simone de Beauvoir: »Wir werden nicht als Frauen geboren, sondern dazu gemacht« ist nach wie vor gültig. Da die Identitätsbildung des Mädchens in der bestehenden Beziehung zur Mutter stattfindet, sind die Ich-Grenzen nicht immer deutlich. Zunächst stellt das keine Bedrohung dar, da Weiblichkeit durch Bindung definiert ist; aber während dieser Prozeß stattfindet, integriert das weibliche Kind die Erfahrung, daß es »in Ordnung« ist, Teil einer anderen Person zu sein, und es wird im späteren Leben den Entzug von Nähe oder Trennungssituationen immer als besonders schmerzlich und »falsch« empfinden. Hinzu kommt, daß in der Mutter-Tochter-Beziehung das »erotische Begehren« fehlt. Der kleine Junge erlebt in der Mutter bereits die Vorläuferin seiner späteren Liebesgefährtinnen, das Mädchen muß warten, es wird vertröstet auf später, »wenn du groß bist und einen Mann bekommen wirst«.

Der Vater, der eine Alternative zur Mutter sein könnte, ist meist abwesend, und selbst wenn er da ist, steht nicht fest, ob er sich für die Wünsche seiner kleinen Tochter offen und zugänglich macht. »Ein kleines Mädchen, das seinen Vater dazu gebracht hat, eine Zeitung beiseite zu legen, das auf seine Knie geklettert ist, beweist mit seinem ganzen Körper, daß es den Ort erreicht hat, an dem all seine Unsicherheit aufhört: beim Vater endet die Sinnlosigkeit, durch ihn kann es lernen, seinen kleinen Mädchenkörper als gut zu akzeptieren. Der Vater ist das Ziel«

(aus: Jokastes Kinder, von CHRISTIANE O
Interesselosigkeit des Vaters und seine Un
chen in ihrem Selbstgefühl sehr verunsiche
kann, ist die Erfahrung von Nähe, körperlic
möglicherweise vom Vater zur eigenen Bedürfnisb
mißbraucht wird, eine zerstörerische Katastrophe ka
stellbaren Ausmaßes. (FLORENCE RUSH hat in ihrem Buch
bestgehütete Geheimnis« über die Folgen des sexuellen M
brauchs geschrieben.)

Während ihrer körperlichen Entwicklung macht das Mädchen die Erfahrung, daß es weder so aussieht wie der Vater noch
wie die Mutter. Um dieser ähnlich zu sein, fehlen die Brüste, die
Schamhaare, die Körperform, es scheint ein asexuelles kleines
Etwas zu sein. Selten gibt es Mütter, die ihrer Tochter erzählen,
daß sie ein »kleines Klitorismädchen ist«, es wird so getan, »als
ob da nichts wäre«. Christiane Olivier macht darauf aufmerksam, daß es die Mutter ist, die als erste durch ihr Schweigen das
klitorale Lustempfinden versperrt. Sie schreibt: »Der vulva-
klitorale Bereich ist sehr sensibel für die Liebkosungen der
Mutter, wenn sie ihr Kind wäscht. Die Klitoris ist aber nicht
Objekt des Begehrens für die Mutter, die, kulturell bedingt,
diesen Teil bei sich selbst sowieso nicht als typisch weiblich
anerkennt und es vorzieht, ihre Vagina einzusetzen als den vom
Mann für ›lustfähig‹ erklärten Ort. Dem kleinen Mädchen wird
so die eigene Sexualität verweigert. Es wird auf die zukünftige
Frauensexualität verwiesen.«

Das Mädchen lernt, das »Richtig-Sein« auf später zu verschie-
ben, auf eine unbestimmte Zukunft. Sie wird dazu angehalten,
lebenslang unter Beweis zu stellen, daß sie tatsächlich »eine
Frau« ist. Um »ihm zu gefallen«, nimmt sie Fremdbestimmun-
gen aller Art in Kauf und ist ständig bestrebt, ihren Zustand von
Weiblichkeit zu verbessern und zu verschönern. In der Beziehung zur Mutter, die unter der Abwesenheit oder Distanz ihres
Partners leidet, lernt das Mädchen, daß der Beweis des Richtigseins nicht für sich selbst erbracht wird, sondern daß es darum
geht, bei der Bewertung durch den männlichen Blick nicht
»durchzufallen«. Die Botschaft, daß der Mann für die Frau das

lurch alle Jahrhunderte. Im
zösische Aufklärer JEAN-JAC-
ir geschaffen, sich dem Manne
eiten zu ertragen. Ihre gesamte
Iann beziehen: Ihm soll sie
ufziehen und versorgen, wenn
oll sie ihn beraten, ihn trösten
bereiten.«

n der sogenannten Frauenzeit-
erbung und Reklame, die Flut
vir täglich begegnen, anderes?
agt MARA, eine der Frauen, die
ten: »Seit der Pubertät war ich

so auf das Thema Mann ausgerichtet, daß ich einfach nie wußte,
wie es mir wirklich ging.«

Für Frauen ist dies ein Schlüsselsatz, denn sie wissen deshalb
häufig nicht, wie es ihnen geht, weil die Beschäftigung mit der
Frage, ob sie »ihm« gefallen, wenig Raum für anderes läßt.
Nicht selten wissen sie mehr über den Mann an ihrer Seite als
über sich selbst. Wenn CHRISTINA THÜRMER-ROHR in ihren feministischen Essays die Frau als einen Menschen mit Leerräumen
charakterisiert, benennt sie damit die Tatsache, daß die durchschnittliche Frau im Laufe ihrer Erziehung dazu angehalten
wird, sich bereitzuhalten, von einem Mann erfüllt zu werden.

Das Entwicklungsziel für sie lautet nicht: »Werde zu einem
ganzen Menschen, lerne zu handeln, erobere dir Wissen und
Macht, erfülle dich mit Leben und Welt, nimm deinen Platz ein
und behaupte dich, sei Frau deiner selbst.« Das Gegenteil ist der
Fall. Unzählige direkte oder indirekte Botschaften lauten: »Was
immer du auch tun wirst, du kannst lernen, du kannst arbeiten,
du kannst studieren, aber dein Lebenszentrum hat die Liebe zu
einem Mann zu sein. Erst dann bist du wirklich eine Frau.«

Eine gelunge Weiblichkeitsdressur (und wenn wir uns an- und
umschauen, werden wir feststellen, daß sie immer noch erstaunlich gut gelingt) hat zur Folge, daß an der Spitze der Wertpyra-
mide nun der Mann thront, als der Wertträger schlechthin, das
absolut Größte, gottähnlich. Sie weiß, daß sie dafür sorgen muß,

daß er sich auf seinem Sockel nicht einsam fühlt oder gar herunterstürzt. Im Rahmen dieser gesellschaftlichen Verschwörung und Ideologie ist es zwangsläufig so, daß die Möglichkeit, Männer nicht zu lieben, das *Männliche* nicht zu lieben, Frauen in schwere Krisen und Selbstzweifel stürzt oder sie sich schuldig fühlen, weil sie nicht genug lieben. (Ich nehme an, daß nur lesbische Frauen die Chance haben, diesem Wahn wirklich zu entgehen.)

Da, wie wir festgestellt haben, nicht beide Geschlechter in der gleichen Weise zur Liebe befähigt werden und die ganze Unternehmung Partnerschaft von Anfang an nicht auf Gegenseitigkeit angelegt ist, die Frauen aber auf Grund ihrer Wahrnehmungsstörung Schwierigkeiten haben, dies zu merken, sitzen sie in der Falle. Diese besteht darin, daß frau gar nicht genug lieben kann. Da der Gedanke an die Liebesunfähigkeit des Mannes zu schrecklich und angsteinflößend ist, täuschen sie sich durch eigene Bemühungen über die Wirklichkeit hinweg. Sie pflegen die Illusion des »Dahinter« und sind Meisterinnen darin, die Hoffnung zu nähren, daß ihr Liebeseinsatz eines Tages dazu führen wird, daß die Mauern, die er um sich errichtet hat, einstürzen und der Schatz, von dem sie immer geahnt hat, daß er da ist, ihnen zu Füßen gelegt, daß sie *endlich wiedergeliebt werden.* Dank dieser Wirklichkeitsverleugnung müssen sie nicht fordern, Auseinandersetzungen führen oder sich gar trennen. Die Trennung wäre das schmerzhafte Eingeständnis, in Sachen Liebe versagt zu haben, und da Frauen im Grunde in der Beziehung zum Mann auf der Suche nach sich selbst sind, bedroht das Weggehen ihre Identität an einem besonders empfindlichen Punkt. Sie mögen in einem solchen Falle das Gefühl haben, nicht nur ihn, sondern auch sich selbst verlassen zu haben. Also ziehen es viele Frauen zu ihrem eigenen Schutze vor, dem von Männern erwarteten »Liebesexpertinnentum« Gehorsam zu leisten. Diese Bereitschaft macht sie zu »Mittäterinnen« in einem Geschehen, das uns tatsächlich an den Rand des Abgrunds gebracht hat. Frauen lassen sich durch »Liebesverlockungen« korrumpieren, während es bei Männern eher die Macht ist. Beide sind verantwortungsfähige Subjekte und nicht bloße »Opfer von Umständen«. Frauen haben im Verlauf der Geschichte nicht nur auf Grund von erzwungenem Gehorsam Beiträge zur Stützung und Aufrechterhaltung der männlichen Herrschaft geliefert, sondern auch durch freiwillige Gehorsamsakte, die besonders im Rahmen dessen stattfinden, was Liebe genannt wird. Sie sind Nutznießerinnen von männlichen Privilegien geworden und können sich nicht auf eine wie auch immer geartete Unschuld herausreden.

Tatsache ist, daß jahrtausendelange weibliche Liebesarbeit diese Welt nicht liebenswürdiger und die Männer nicht liebesfähiger gemacht hat. Bei all diesem Tun ist nicht Fülle oder Erfüllung zwischen Frauen und Männern und Menschen überhaupt entstanden, sondern Leere auf der einen und Zerstörung auf der anderen Seite. Das Ausmaß an Irrsinn wird erst dann deutlich, wenn wir uns vor Augen führen, daß die männliche Wissenschaft und Technik dabei sind, das Leben auf unserer Erde auszulöschen, während die meisten Frauen ihre Identitätsgefühle immer noch aus der Liebestätigkeit ziehen. »Die Diskrepanz zwischen diesen Fakten und unseren Reaktionen ist unmäßig groß. Die letzteren bleiben konventionell, gefesselt und unverhältnismäßig anständig. Der Lage angemessen könnte nur ein Verhalten sein, das schwer vorstellbar ist, so gebahnt und eng, so festgefahren und diszipliniert sind unsere verfügbaren Möglichkeiten.«

Als ich zum ersten Mal las, was CHRISTINA THÜRMER-ROHR hier schreibt, fiel mir sofort eine Begebenheit ein: 1984 nahm ich in Berlin an einer Demonstration teil, auf der ausschließlich Frauen und Kinder gegen die Atomkraft demonstrierten. Der Zug war angemeldet, die Polizeipräsenz anders als sonst, relativ gering. An einer Stelle stockte die ganze Unternehmung, und als ich versuchte herauszufinden, warum, mußte ich feststellen, daß die Frauen an einer Stelle am Kurfürstendamm darauf gewartet hatten, daß die Ampel von Rot auf Grün springt. Ich wußte nicht, ob ich angesichts dieses völlig grotesken Verhaltens lachen oder schreien sollte. Auf jeden Fall wurde mir innerlich sehr eisig ums Herz. Angesichts dieser tiefverwurzelten Disziplin und Ordnungsfähigkeit bekam ich große Angst. Die Konditionierung auf Liebe und Gehorsam macht es Frauen besonders schwer, aus dieser wahnsinnigen Anständigkeit auszubrechen und eine eigene Moral der Verweigerung und des Ungehorsams zu leben. Als im April 1987 in der Fachhochschule für Wirtschaft in Berlin ein zweitägiges Treffen der verschiedenen Fraueninitiativen, die sich nach Tschernobyl zusammengefunden hatten, stattfand, sprach NANA (ihren vollständigen Namen weiß ich leider nicht), eine der Referentinnen, über die Entwicklung der männlichen Wissenschaft und ihre Krönung, die Atomenergie. Bei der Beschreibung dieser Energiequelle kam mir sofort die Parallele zur Liebe in den Sinn.

Von der Liebe der Frauen wird ähnliches erwartet wie von der Atomkraft: Sie soll quasi jederzeit und unerschöpflich zur Verfügung stehen. Von beiden Energiequellen wird behauptet, daß ohne sie alles zusammenbrechen würde und wir sie daher dringend brauchen. In Wirklichkeit scheint mir, daß das zerstörerische Potential von beiden inzwischen hinlänglich bewiesen hat, daß das Festhalten an diesen »Superenergien« männlicher und weiblicher Potenz (Atom/Liebe) uns in eine lebensbedrohliche Sackgasse führte.

Offenbar sind es aber gerade diese beängstigenden und monströsen Bedingungen, daß Menschen angesichts einer ausgebeuteten, vergifteten und mit Waffen überhäuften Erde dazu neigen, sich per Fluchtbewegung in irgendwelche Glücksvorstellungen zurückzuziehen. Und obwohl die erdrückende Realität dagegen spricht, wird auch die Liebe, der Rückzug ins Private, zur Rettungsinsel in einer unheilen Gegenwart erklärt.

Frauen tragen zu dieser unmöglichen, unverhältnismäßigen Reaktion bei, indem sie dazu neigen, die Augen zu verschließen, Schönfärberei zu betreiben, und ihre Kraft damit vergeuden, an »einer kleinen harmonischen Welt« zu basteln. Da die wirkliche, große Welt in ihren Augen »der Ort der Männer« ist, sind sie zu wenig motiviert, in das zerstörerische Tun aktiv einzugreifen und zu verstehen, daß ihre Art, zu lieben, zu verschleiern und zu beschönigen, diesen Wahnsinn möglich macht und mitträgt.

Männer und Frauen haben die Bedingungen gemeinsam geschaffen, die uns jetzt umzubringen drohen. Fragen wir uns, um »die Spur des Täters«, den Part des Mannes nicht aus den Augen zu verlieren, was in der Beziehung zwischen ihm und der Mutter passiert, daß er die Frauen und alles Lebendige so hassen lernt.

Wie wird der kleine Junge zum liebesunfähigen Mann?

Zu Beginn seines Lebens erlebt das männliche Kind eine ebenso innige Verschmelzung mit der Mutter wie das kleine Mädchen. Trotzdem ist seine Ausgangsposition bereits eine andere. In wissenschaftlichen Untersuchungen gilt es als sehr wahrscheinlich, daß Frauen ihre Söhne entweder von Anfang an oder doch sehr bald als den männlichen Gegenpol empfinden. In ihrem Buch »Das Erbe der Mütter« verweist NANCY CHODOROW auf Studien, die den Nachweis erbringen, daß Mädchen und Jungen von ihren Müttern nicht in der gleichen Weise behandelt werden. Männliche Kinder werden in mancherlei Hinsicht bevorzugt. Sie werden zum Beispiel länger gefüttert und berührt (Mädchen werden früher entwöhnt, haben kürzere Stillzeiten, das Fläschchen wird durchschnittlich bereits im zwölften Monat abgesetzt, beim Jungen erst im fünfzehnten).

Interessante Unterschiede sind auch im Zusammenhang mit dem Spracherwerb festzustellen. Es gilt als Tatsache, daß bei Kindern gleichen Alters und gleicher Intelligenz die Mädchen sehr viel früher sprechen lernen. CHRISTIANE OLIVIER fragt sich, warum das so ist und gemeinhin als Normalität betrachtet wird: »Wenn der Ruf und das Schreien die Funktion haben, die wahrgenommene Entfernung von der Mutter auszudrücken und die Verbindung zu ihr wiederherzustellen, dann fangen Mädchen, nachdem sie in den ersten Monaten ihres Lebens mehr geweint haben, früher an zu sprechen und bekunden damit eine *Abwesenheit*, einen *Abstand*, den es zu überwinden gilt, um wieder bei der Mutter zu sein, was für Jungen gleichen Alters nicht gilt. Der Junge wird nämlich nicht von dem starken Gefühl der Einsamkeit geplagt, die er nicht kennt, da er seit seiner Geburt durch das von der Mutter ausgehende Ganzheitsphantasma abgesichert ist, die aus ihm ein narzißtisches Objekt macht. Er fühlt sich behaglich, da wo er ist, wie er ist« (aus: Jokastes Kinder).

Mit anderen Worten: Die Geburt eines Sohnes gibt einer Frau die Möglichkeit, sich selbst in männlicher Gestalt zu sehen, sozusagen das eigene unvollständige Geschlecht zu komplettieren und ganz zu machen. Aus diesem Umstand folgert Olivier für die Sprachentwicklung, daß das Mädchen früher zu sprechen beginnt, weil es nicht das gleiche Wohlbehagen und das Gefühl, »richtig zu sein«, empfindet wie ein Junge. Da der Vater in der Regel »das Vatern« nicht übernimmt, fühlt es sich allein und unvollständig und möchte daher den Kontakt zur Mutter wiederherstellen. Bereits in diesem frühen Lebensstadium sind die Sprachschwierigkeiten, die die spätere Beziehung zwischen Frauen und Männern erschweren und behindern, zu erahnen.

»Die eine, früh gesprochene, hat die Aufgabe, die Verbindung zu schaffen und den als unerträglich empfundenen Abstand zum/zur anderen aufzuheben; das ist die weibliche Sprache, die die Leere überspringt, Ähnlichkeit anstrebt und immer wieder Zustimmung sucht (die vom Vater hätte kommen können, dem kleinen Mädchen aber immer gefehlt hat). Die andere Sprache, spät gesprochen, drückt den Abstand aus, der gegenüber dem/der anderen gewahrt werden soll. Die männliche Sprache ist meistens bar von Gefühlen und Angst« (Christiane Olivier, Jokastes Kinder).

Eindeutige Unterschiede zwischen den Geschlechtern wurden auch im Spielverhalten nachgewiesen. Jungen spielen öfters im Freien und eher in großen, altersmäßig gemischten Gruppen. Ihre Spiele sind häufig konkurrenzorientiert und dauern länger als die der Mädchen, die häufiger in kleinen, intimen Gruppen oder mit der besten Freundin in privaten Räumen spielen. Während bei den Jungen die im Verlauf der Spiele entstehenden Streitigkeiten nicht zum Abbruch der Aktionen führen, sondern zu Debatten über die Verletzung von Regeln, um schließlich weiterzuspielen, beendet der Ausbruch von Streitereien in der Regel das Zusammenspiel der Mädchen, bei dem sie soziale Muster in Rollenspielen nachgeahmt haben.

Was bedeutet es aber nun für die Person des Jungen, daß er

innerhalb einer Familie auf die Tatsache trifft, daß es eine Frau ist, die das Muttern von Kindern übernimmt, während der Vater an diesen Fürsorge- und Pflegevorgängen entweder ganz oder relativ unbeteiligt ist?

Im Zusammenhang mit ihrer geschlechtlichen Entwicklung haben es Jungen auf Grund der häufigen Abwesenheit der Väter in einer anderen Weise schwerer als Mädchen. Ein Junge lernt, daß die Abhängigkeit von der Mutter, deren Grenzen undeutlich sind und die scheinbar wie Sauerstoff zur Verfügung steht, etwas Nicht-Männliches ist. Seine Einübung in die Geschlechterrolle erfordert es, daß trotz seiner anfänglichen Identifikation mit ihr alle seine starken Gefühle von Zuneigung und Anhänglichkeit abgewehrt und geleugnet werden müssen. In gewisser Weise muß er sich gewaltsam von seiner ersten Liebe losreißen, und diese Gewalt wird ihn ein Leben lang begleiten. Er beginnt die Eigenschaften, die er als weiblich erlebt hat, abzuwerten und Gefühle von Verachtung zu entwickeln, die ihn nicht nur von der Mutter, sondern von der eigenen inneren Weiblichkeit, der Fähigkeit, Gefühle lebendig zu empfinden, weit entfernen. Während er sich in Abwehr und Trennungserlebnissen übt, spaltet der Junge wesentliche Gefühlserfahrungen von Nähe, Intimität, Fürsorge und verletzbarer Sensibilität ab und verliert dabei einen Schatz menschlicher Fähigkeiten, deren Weiterentwicklung für den Umgang mit sich selbst und anderen Menschen so unendlich wichtig wäre. Anders als beim Mädchen, dessen geschlechtliche Identität durch Bejahung von Beziehung und Verbundenheit mit der Mutter entsteht, baut der Versuch des Jungen, ein Männlichkeitsgefühl zu entwickeln, auf der Ablehnung und Verneinung von Beziehung, quasi auf negativen Gefühlen auf und ist, so betrachtet, ein Prozeß von emotionaler Verarmung und Verlust.

Der abwesende, emotional unzugängliche Vater ist für den Jungen keine Hilfe, sondern Last. Ein liebesfähiger Vater, der seine Männlichkeit nicht aus der Verleugnung von Abhängigkeit und der Abwertung der Frauen ziehen müßte, der dem Sohn ein breites Spektrum an Gefühlsäußerungen und sozialen Verständigungsversuchen vorleben könnte, würde es auch dem Sohn ersparen, seine kindliche Vergangenheit mit der Mutter zu leugnen. Er dürfte seinen reichen Erfahrungsschatz in die Entwicklung seiner Männlichkeit, seiner Menschwerdung integrieren und alles tun, um diesen zu vermehren.

Doch da solche ganzheitlich entwickelten Mann-Väter kostbare Raritäten sind, bleibt den Jungen nur die Wahl, entweder ein »richtiger Mann« zu werden, und das bedeutet radikale Schnitte in der Beziehung zu allem Weiblichen, inklusive des eigenen inneren Anteils, oder aber, wenn er diesen Bruch und die Verleugnung seiner Erfahrungen nicht will, in Identitätskonflikte zu geraten. Es sei denn, der Junge wählt die Homosexualität.

In diesem Dilemma wurzeln Aggressionen und Gewalt. In konkreten Mutter-Sohn-Beziehungen wird das ganze Geschehen häufig noch dadurch komplizierter, daß die Mutter ihre Mangelgefühle und Unzufriedenheit mit dem Mann im Kontakt mit ihrem Sohn zu kompensieren versucht, weil dieser für sie leichter erreichbar und verfügbar ist. Projektionen und unerfüllte Wünsche der Mutter überfordern den Sohn einerseits und binden ihn andererseits in ambivalenten Liebes- und Haßgefühlen an diese so machtvolle Person seiner Kindheit. Schließlich fühlt er sich von der mütterlichen Liebe kontrolliert und bedroht.

Zu diesen Ambivalenz- und Angstgefühlen schreibt Nancy Chodorow in »Das Erbe der Mütter«: »Obwohl er sie fürchtet, findet der Knabe sie auch verführerisch und attraktiv. Er kann sie nicht einfach ablegen und ignorieren. Knaben und Männer entwickeln psychologische und kulturell/ideologische Mechanismen, um mit ihren Ängsten fertig zu werden, ohne Frauen insgesamt aufzugeben. Die Leugnung der Angst geht auf Kosten einer realistischen Ansicht über Frauen. Einerseits werden sie glorifiziert und bewundert, andererseits verunglimpft.«

Tatsache ist, daß Männer lernen, ihre Bedürfnisse nach Liebe zu verdrängen, und daß sie an der Aufrechterhaltung von Distanz zu ihrer Mutter (später den Partnerinnen) arbeiten. Vergessen wir in diesem Zusammenhang nicht, daß sie trotzdem damit rechnen dürfen, daß eine Frau ihre unausgesprochenen

Liebeswünsche zu erfüllen versucht, denn auf diese Aufgabe ist *sie* bis zur Perfektion vorbereitet worden. Die Männer werden sich davor hüten, in ihrem Leben der Liebe einen dominanten Platz einzuräumen, soweit es ihre Fähigkeit zu geben betrifft; was sie von ihren Partnerinnen diesbezüglich an Wundern erwarten, steht auf einem ganz anderen Blatt. Über dieses Phänomen schreibt SIMONE DE BEAUVOIR: »Männer haben zu gewissen Zeiten ihres Lebens leidenschaftliche Liebhaber sein können, es gibt aber keinen einzigen unter ihnen, den man als einen großen Liebenden ansprechen könnte. Selbst in ihrem heftigsten Überschwang geben sie sich nie völlig auf. Selbst wenn sie vor ihrer Geliebten in die Knie fallen, wünschen sie noch, sie zu besitzen, sie an sich zu fesseln. Selbst im Kernpunkt ihres Liebens bleiben sie so etwas wie souveräne Eigenwesen. Die geliebte Frau ist nur einer unter anderen Werten. Die Männer wollen sie ihrer Existenz einverleiben, aber nicht mit ihrer ganzen eigenen Entwicklung in ihr versinken. Für die Frau dagegen ist die Liebe eine völlige Selbstaufgabe zugunsten eines Herrn« (aus: »Das andere Geschlecht«).

Jungen lernen im Laufe ihrer Entwicklung, daß die Welt der *Ort der Männer* ist, während der Platz der Frau an der Seite eines Mannes ist. Er hat erlebt, daß Weiblichsein in dieser Welt bedeutet, ein Mensch zweiter Klasse zu sein, und er hat begriffen, daß er als Junge zur herrschenden Klasse zählt. Er hat nicht vergessen, wie die Mutter auf den abwesenden Vater wartete und wie ihm gerade wegen seiner Unverfügbarkeit eine besondere Bedeutung beigemessen wurde. Sobald der Junge sich von der Mutter entfernt, begegnet er überall der männlichen Dominanz, und er lernt, daß es seine Aufgabe ist, sich in dieser Welt einen Platz zu erobern und, wann immer sich eine Gelegenheit dazu bieten wird, Macht und Stärke zu demonstrieren. Gewalt ist ein probates Mittel, um zum Ziel zu kommen.

Der Junge ist darauf vorbereitet, daß ihm Frauen zur Verfügung stehen, und er hat eine Vorstellung davon entwickelt, was er einer Frau zu geben hat: auf gar keinen Fall sich selbst!

Männer bieten den Frauen den Zuwachs ihres Selbstbewußtseins, berufliche Erfolge und den Glanz einer Karriere, die sie aus der Sicherheit und Geborgenheit einer verläßlichen Beziehung mit Hilfe ihrer Frau aufbauen konnten. Sie sind bereit, ihren Namen zu geben, Schutz und Sicherheit in der Öffentlichkeit, vielleicht schöne Dinge und nicht zuletzt Sexualität. Während sie ihr Selbst ausdehnen und sich berufliche Erfolge verschaffen, sind sie ratlos, wenn ihre Frauen trotzdem Unzufriedenheit äußern und anscheinend noch irgend etwas anderes von ihnen erwarten.

Auf den Gedanken, daß ihre Liebesfähigkeit, ihr Schweigen und die mangelnde Verbindlichkeit hierbei eine Rolle spielen, können sie nicht so ohne weiteres kommen, denn es war nicht Ziel ihrer Entwicklung, »liebesfähig zu werden«, und ihre in konflikthaften, direkten Auseinandersetzungen ungeübten Frauen sind nicht imstande, mittels einer klaren Sprache Mißstände zu benennen und auf ihrer Beseitigung zu bestehen.

Die frühere Ambivalenz der Mutter gegenüber manifestiert sich nun im Wunsch des Mannes, die Frau zu kontrollieren. Niemals mehr soll sie eine solche Macht über ihn gewinnen. Wie er feststellt, sind seine Distanzmanöver, gerade wenn Phasen intensiver Nähe und Übereinstimmung waren, eine hervorragende Möglichkeit, die Frau zu verunsichern und sie zu beschäftigen. »Um sicher zu sein, nicht wieder in Abhängigkeit zurückzufallen, wird der Mann außerdem eine Menge Freiheiten erfinden, die er sich außerhalb des Hauses nimmt, fern von seiner Frau: er braucht einen Sicherheitsabstand, er hat das Bedürfnis, der Symbiose, die von der Frau so sehr gesucht wird, zu entfliehen. Der Mann in der Paarbeziehung strebt nach einem Grad von Freiheit, der seine Gefährtin, die sich nie als seine Feindin verstand und die vom Einssein träumte, schmerzhaft überrascht« (Christiane Olivier: Jokastes Kinder).

In Therapiegesprächen berichten Frauen völlig ratlos von diesem Nähe-Distanz-Spiel: »Es ging uns gerade so gut. Alles war ganz harmonisch zwischen uns, und wir waren uns wirklich nahe. Der Streit kam aus heiterem Himmel. Es gab keinen Grund dafür. Nun sprechen wir nicht mehr miteinander. Ich verstehe nicht, was ich falsch gemacht habe.« Solange Frauen nicht begreifen, daß die Distanzmanöver der Männer überwiegend gar nichts mit ihrem Verhalten zu tun haben, sondern mit deren Furcht vor Nähe und Vereinnahmung, werden Frauen »den Fehler« bei sich suchen und Kreisbewegungen ausführen, so daß alles so bleibt, wie es ist.

Es ist nicht einzusehen, daß der Junge, dessen Männlichkeit von der Nähe zur Mutter bedroht wird, die Intimität mit seiner Liebesgefährtin als weniger gefährlich für seine Identität erleben sollte, zumal weder ihm noch den beteiligten Frauen die Dynamik der Beziehungen bewußt ist. Wenn es für ihn zu gefährlich wird, bleibt ihm immerhin noch die Gewalt. Alles suggeriert den Männern – angefangen von scheinbar harmlosen Reklamebildern bis zu verrohenden Videos und Pornographie –, daß sie berechtigt sind, Frauen gewalttätig zu behandeln, und daß es als »normal« gilt, sich über Aggressionen der Frau gegenüber sexuell zu stimulieren. Diese Seuche und tägliche Gehirnwäsche bewirkt zwangsläufig eine Abstumpfung auch in jenen Männern, die dem Treiben ihrer Geschlechtsgenossen sonst ablehnend gegenüberstehen und bewußt weder Macho nach Pascha sein wollen.

Die von den Müttern durchgeführte Erziehung zur Liebesunfähigkeit der Söhne, die sich in der Entwertung der Frauen und des Lebendigen überhaupt niederschlägt, führt zu Gewalt und Zerstörung, die sich nicht nur im privaten Bereich ausdrückt, sondern das Gesicht unserer Welt prägt. Die Pathologie der Beziehungsmuster, die männliche Furcht vor Bindung und Nähe, müssen auch im politischen Bereich, wenn er an den Hebeln der Macht sitzt, verheerende Konsequenzen haben. Die Notwendigkeit von Feindbildern zählt ebenso selbstverständlich dazu wie die paranoide Furcht, ständig aufrüsten zu müssen, um sich im Falle eines Angriffs entsprechend wehren zu können.

Trotzdem sind wir im politischen Alltag weit davon entfernt, in der Liebesunfähigkeit der Politiker, ihrer monströsen Distanz zum Lebendigen und ihrem emotionalen Analphabetentum entscheidende Risikofaktoren zu sehen, die ihre angeblich so »objektiven« und »sachlichen« Entscheidungen beeinflussen und für unser aller Leben verheerende Konsequenzen haben.

Für beide Geschlechter entsteht in den traditionellen Erziehungsprozessen eine gefährliche Unfähigkeit, die eigene Realität und die des/der anderen wahrzunehmen. Eine systematische Gewöhnung an Abstumpfung und Verblödung, ein Konglomerat von Kitsch und Müll im Kopf und im Gefühl und gleichzeitig die berechtigten Wünsche nach einer liebevollen lebendigen Beziehung zum/zur »anderen«, die ständige Sehnsucht und die oft verzweifelte Suche danach ermöglichen es, daß Menschen sich (zum Glück nicht reibungslos!) in das Prokrustesbett des herrschenden Männersystems einpassen. Wie wir sehen konnten, ist die Vorbereitung auf Liebesbeziehungen bei Mädchen und Jungen derart verschieden – sie wird als Frau ausgerechnet bei dem Liebe und Anerkennung suchen, der nichts so sehr fürchtet wie die intensive Nähe zu ihr, da sie seine männliche Identität bedroht –, daß das Scheitern von Beziehungen quasi vorprogrammiert ist oder zumindest Enttäuschung, Schmerz und Verbitterung kaum zu vermeiden sind.

Alles ist so eindeutig auf die Verhinderung von Liebe angelegt, auf ein kämpferisches Gegeneinander statt Miteinander, daß die Frage, wann wir Frauen endlich Schluß machen mit dem einseitigen »Muttern« und dem Expertinnentum in Sachen Liebe überhaupt, mehr als dringend ist.

2. Und was kommt nach dem Happy-End?

Zugegeben, der Auftakt kann unglaublich bezaubernd sein. Vielversprechend. Unwiderstehlich. Die Welt hat sich ganz plötzlich verändert! Dieser himmlisch-höllische Zustand des Verliebtseins, das unbeschreibliche Entzücken bei der zärtlichen Berührung der anderen Haut. In endlosen Umarmungen versinken wollen und nie, nie wieder ohne diese köstlichen Küsse sein müssen. Eine andere Welt wird entdeckt, erfragt, ertastet, erstreichelt und erobert. Nicht voneinander loslassen können! Es nicht wollen. Für immer und ewig, gegen den Rest der Welt. Endlich eine Heimat haben und nicht allein sein müssen, nicht Angst haben müssen. Die Sehnsucht hat ein Ziel gefunden. Die geteilte Lust wird gesteigert, verdoppelt. Die Freude an Intensität und Erregung. Wollust! Leidenschaft! Wie gesagt, der Auftakt kann atemberaubend, überwältigend sein. Am besten: »Ein Blick, und die Liebe bricht aus«, dann ist es richtig. »I am falling in love« entschuldigt so ziemlich alles. Da können wir nichts dagegen machen, stürzen unaufhaltsam hinein ins Glück oder Unglück. »Ich war dem Gefühl total ausgeliefert, es war einfach da.« Das Mysterium der Liebe. Die Magie der Liebe – gegen diesen süßen Zauber ist kein Kraut gewachsen. Und doch wird häufig nach dem Abklingen des »erotischen Kick« lebendige Hoffnung in graue »Beziehungskisten« verpackt. Da liegt sie nun, die Liebe, eingezwängt und eingesargt. Totgesagt. Aus der Traum. Bei Trennung heißt es, die Wahl war falsch, Pech gehabt. Der/die nächste bitte. Das Liebeskarussell dreht sich, der Reigen geht weiter.

Was kann ich dafür, in wen ich mich verliebe? Verantwortung? Wie bitte? Verantwortung, nein, das hören wir nicht gerne, das ist so unromantisch und ernüchternd. Das paßt nicht ins verklärte Bild.

Aber ob wir es nun wahrhaben wollen oder nicht, es ist doch so, daß die Zufälligkeit, von der im Zusammenhang mit Verliebtheit oder Partner/innenwahl fast immer die Rede ist, so zufällig nicht ist. Tatsächlich kann bei der Beschreibung des Verliebtheitzustandes die Assoziation einer verblüffenden Ähnlichkeit entstehen mit jener Situation, die jeder Säugling bei seiner »ersten Liebe« vorfindet und nicht wählt. Das Neugeborene kann die Mutter nur annehmen oder ablehnen, eine Wahl zwischen Leben und Tod. Und in der Regel hat es nicht einmal die Möglichkeit zwischen einer weiblichen und männlichen Pflegeperson. Diese Liebe ist tatsächlich schicksalhaft.

Kein Wunder, daß es äußerst zielstrebig anmutet, wie Menschen daran arbeiten, Vertrautes wiederzuerleben; wie wir direkt oder unbewußt an erste Liebes- und Beziehungserfahrungen anknüpfen, und zwar nicht zuletzt aus dem übermächtigen Wunsch, das Mißglückte oder Versäumte von damals noch einmal neu und nun endlich richtig zu erleben. Immer und immer wieder versuchen wir, *den* Menschen zu finden, mit dem wir Teile unserer früheren Liebesgeschichte noch einmal wiederholen und glücklicher inszenieren können. Vielleicht geht es darum, den unzugänglichen, meist abwesenden Vater zu gewinnen oder die unglückliche, unzufriedene Mutter endlich zu begeistern und fröhlich zu stimmen. In ihrem Buch »Wenn Frauen zu sehr lieben« beschreibt ROBIN NORWOOD sehr anschaulich solche Wiederholungsmuster und analysiert an Einzelschicksalen, welche unbewußten Signale und Botschaften bereits beim Auftakt des Sich-Kennenlernens über erotische Anziehung, über ein »Ja« oder ein »Nein« mitentscheiden. In meinem Buch »Berührungen« habe ich mit Hilfe der Aussagen von Frauen und Männern aus einer therapeutischen Gruppe versucht, den Zusammenhang zwischen frühkindlichen Erfahrungen und späterem Liebesleben aufzuzeigen.

Wie sollte es auch anders sein, als daß unsere »erste Liebe« bei der späteren Suche nach *dem* Mann und *der* Frau entscheidend mit im Spiel ist. Woran sollten wir uns denn orientieren bei unseren Wünschen nach Sinnlichkeit, Nähe und Geborgenheit, wenn nicht an diesen frühen Erlebnissen von körperlicher Berührung, dem Gefüttertwerden, der Wärme und der Zärtlichkeit, dem Glück von Verbundenheit und Verschmelzung? Ist nicht in den Poren der Haut, in den Körperzellen die Erfahrung von sprachloser Nähe eingeschmolzen, wie unsere Schreie und Laute übersetzt, wie wir wortlos verstanden wurden? Schwebt uns insgeheim nicht immer noch das Liebesideal eines Kleinkindes vor? Wenn der/die andere uns wirklich liebt, bedarf es keiner mühsamen Verständigung durch Worte, da wird jeder Hinweis – »Sag mir doch, was du möchtest« – zur Kränkung und zum Gegenbeweis. Bei vielen Menschen ist diese für ein Kleinkind berechtigte Vorstellung von bedingungsloser Akzeptanz als Ideal des Geliebtwerdens haften geblieben. Sie erwarten mehr oder weniger immer noch, daß die Verantwortung für ihr Wohl und Wehe bei der anderen Person liegt.

Aber wir bringen noch andere Erfahrungen aus der Vergangenheit mit, schmerzliche Erlebnisse, die wir vielleicht vergessen wollten, verdrängen mußten, um leben zu können. Und wieder kommt diese mächtige Person ins Spiel, deren Nähe uns erfreuen, aber auch ängstigen konnte, weil sie uns bestrafte, wenn sie es für angebracht hielt, oder einfach nicht immer zur Verfügung stand, wenn wir es wollten. Da sind Erinnerungen an Ohnmachts- und Abhängigkeitsgefühle und die Schwierigkeit, die Macht der Mutter zu kontrollieren.

Ein ganzes Spektrum an Nähe und Distanzmöglichkeiten haben wir aufgenommen, und keine von beiden enthält uneingeschränkt positive oder negative Gefühlsfärbungen. Kinder beiderlei Geschlechts haben in der Beziehung zur Mutter (und schließlich auch zum Vater, den Geschwistern und anderen Erwachsenen) eine Fülle solcher Erfahrungen gemacht, aber im Verlauf der Prozedur, weiblich oder männlich zu werden, sehr unterschiedlich verarbeitet. Während es für Frauen quasi verpflichtend wird, Nähe und Verbundenheit in Beziehungen herstellen zu können, braucht der Mann, der als Junge erst durch Trennungsschritte zu dem wurde, was er ist, die Distanz, den Abstand. Ihn erfaßt die Panik, wenn die Nähe, die er braucht, um sich wohl zu fühlen und »in der Welt zu funktionieren«, das von ihm akzeptierte und gesetzte Maß zu überschreiten droht. Wenn es zu *dicht* wird und die Nähe kontinuierlich anhält, muß er zu Distanzmanövern greifen, um die Intimität zu unterbrechen.

Während die verstörte Partnerin mit dem Knüpfen der zerris-

146

senen Beziehungsfäden beschäftigt ist, erholt er sich von seinem Schreck und bekommt allmählich wieder »Lust auf ihre Nähe«. Leider bringen zwei Verliebte selten dieses Wissen um die jeweiligen Schmerz- und Gefahrenzonen mit. Kein Mensch bereitet sich darauf vor, obwohl das Wissen existiert und vermittelt werden könnte, im Radio und Fernsehen, in der Familie, im Kindergarten und in Schulen. Aufgeklärtes Bewußtsein ist der wesentliche Schritt bei den notwendigen Veränderungen in den Beziehungen. Selbstverständlich hat keine patriarchalische Gesellschaft ein Interesse an einem solchen kritischen Bewußtsein, weil die traditionelle Art zu lieben ein wichtiger Stützpfeiler des Ganzen ist.

Noch einmal zurück zum vielversprechenden Auftakt: Wenn eine Frau und ein Mann einander kennenlernen und aus dem Flirt mehr wird, sieht das in der ersten Phase der Annäherung fast stets so aus, als ob beide begierig seien, einander nahe zu sein, sich gegenseitig zu öffnen und die Welt des/der anderen neugierig zu erforschen. Allmählich nimmt in diesem Prozeß des Aufeinanderzugehens die Fremdheit ab. Die aufkeimende Zuneigung bewirkt größere emotionale Vertrautheit. Gleichzeitig tragen beide in dieses komplexe Geschehen ihre gesamte Beziehungs- und Entwicklungsgeschichte hinein, ihre weibliche oder männliche Identität, alle bewußten und unbewußten Erwartungen im Hinblick auf die Liebe der/des anderen und nicht zuletzt Unsicherheiten und Ängste, die zu bestimmten Schutzmechanismen führen, die im Falle der Gefahr zum Einsatz kommen.

Wenn die Beziehung in ein nächstes Stadium übergeht, weil beide anscheinend Kontinuität wünschen und dem ursprünglich aufregenden, spannungsreichen Zustand mehr Sicherheit und Dauer geben wollen, kann es passieren, daß im beginnenden Alltag die Liebesgefühle eine seltsame Metamorphose durchmachen. Was anfangs erfreulich und anziehend war, stößt nun seltsamerweise ab, was fremd und reizvoll schien, wirkt plötzlich bedrohlich und wird zum Ärgernis. Die Arbeit an der »gemeinsamen Beziehungsgeschichte« bewirkt auf einmal, daß die beiden über kurz oder lang nicht mehr allein auf »ihrer Bühne« sind. Gestalten aus der Vergangenheit drängen sich in die Szene und erschweren das Spiel. In jedem Falle machen sie es komplizierter. In unterschiedlichen Variationen tönt es dann: »Du bist ja genauso bedrängend und vereinnahmend wie meine Mutter.« Oder: »Niemals hätte meine Mutter das von mir verlangt. Wenn die wüßte, was du mir zumutest! Was willst du überhaupt von mir?« Von der anderen Seite ertönt das Echo: »Wenn ich gewußt hätte, daß du genauso distanziert bist wie mein Vater, der war auch nie ansprechbar, dann...« Oder: »Mein Vater, das war ein Mann, solche gibt's heute gar nicht mehr. Was der alles für uns getan hat, aber du...«

Im konkreten Einzelfall sind solche Dialoge selbstverständlich viel differenzierter, und es steht auch nicht immer fest, wem welche Aussage zuzuordnen ist. Aber wenn es zum Wiederholungs- und Übertragungsgeschehen in einer Partnerschaft kommt, nehmen Heldin und Held aus der Kindheit ihren Platz ein. So wie es die aktuelle Liebesgeschichte mit ihren Spielregeln gerade erfordert, werden sie schwärmerisch glorifiziert oder schlimmstenfalls zu Ungeheuern und Monstern. Es kommt zu gegenseitigen Signalen von Enttäuschung und Mißbilligung: »Du bist falsch, und weil du so bist, geht es mir nicht gut.« Gleichzeitig lautet häufig die Botschaft: »Wenn du anders wärst, könnten wir glücklich sein. Es liegt nur an dir.« Es kommt zu einer unglücklichen Kreisbewegung, zu einer Verklammerung, aus der es keinen Ausweg zu geben scheint. Selbst wenn beide sich um die Beziehung bemühen – häufig ist es jedoch so, daß lebendige Gespräche zwischen Mann und Frau viel zu selten oder gar nicht stattfinden –, werden die Schwierigkeiten als Ausdruck individueller Nöte begriffen. Daß der Grundkonflikt in der geschlechtsspezifischen Erziehung wurzelt, wird dabei übersehen.

Die ehemalige Tochter einer Mutter, die in ihrer Ehe unversorgt blieb und das kleine Mädchen ins Vertrauen zog, um sie zu ihrer »guten Mutter« zu machen, dieses weibliche Kind, das uneingeschränkt zur Verfügung stehen sollte und sich nicht wehren durfte, erwartet nun bewußt von ihrem Partner, daß er endlich ihre unbefriedigten Liebeswünsche erfüllt. Sie erwartet, daß der Mann für sie zur »guten Mutter« wird. Wenn er auf etwas nicht vorbereitet ist, dann darauf. Er hat erlebt, daß er von einer Frau versorgt wurde und sich trennen durfte, und ist nun darauf eingestellt, daß eine andere Frau an ihre Stelle tritt, um wieder zu einer zuverlässigen Quelle von Fürsorge und Pflege zu werden, damit er seinen Platz in der Welt einnehmen kann. Ihm fehlt das Vorbild eines Vaters, der der Mutter ein liebevoller, unterstützender und vor allem anwesender Mann war. Der ehemalige Junge bringt die Sicherheit mit, in seiner Liebesbeziehung wieder zum »kleinen Jungen« werden zu dürfen, wenn ihm danach ist.

Wir können daher davon ausgehen, daß Nähewünsche bei Männern (und zwar einzig und allein auf Grund ihrer Erziehung) nicht in ähnlicher Weise wie bei Frauen vorhanden sind. Da ihre Bedürfnisse von den Partnerinnen selbstverständlicher befriedigt werden, scheinen sie selbständiger und unabhängiger zu sein. Frauen hingegen können wegen ihrer emotionalen Unversorgtheit und eines Gefühls ständigen Mangels abhängiger und bedrängend wirken. »Wenn die Frau diejenige ist, die aktiv Kontakt sucht, scheint sich auch ihre Furcht zu bestätigen, ein unendliches Bedürfnis in sich zu haben, unersättlich zu sein, denn je mehr sie in der Distanz gehalten wird und je weniger sie bekommt, desto mehr empfindet sie ihr Bedürfnis und desto größer erscheint es ihr. Sie hat das Gefühl, ihr ›inneres kleines Mädchen‹ sei überwältigend, unlenkbar und unliebenswürdig. Die Sozialisation der Männer andererseits bereitet sie· nicht darauf vor, emotionale Nahrung zu spenden; so kommt es, daß Männer sich oft vor den Bedürfnissen der Frauen fürchten. Sie haben oft das Gefühl, das, was von ihnen gefordert wird, sei erschreckend und das Bedürfnis der Frau nach Kontakt und emotionaler Intimität sei unaufhörlich oder unersättlich. Der Mann fürchtet, von der Bedürftigkeit der Frau unterjocht oder aufgefressen zu werden. Unbewußt klingt in ihm seine frühere Verschmolzenheit mit der Mutter wieder an. Die Folge ist dann, daß der Mann feste Grenzen zieht und daß die Frau sich ausgesperrt und kontakthungrig fühlt« (aus: Feministische Psychotherapie, von LUISE EICHENBAUM und SUSIE ORBACH).

So kommt es, daß die unterschiedliche Verarbeitung der frühkindlichen Abhängigkeit von der Mutter zu Ambivalenzkonflikten in den Erwachsenenbeziehungen führt. Abhängigkeit ist ein negativ besetzter Begriff und wird häufig mit Schwäche, neurotischem Verhalten und Selbstzerstörung gleichgesetzt. Meiner Meinung nach ist diese Sichtweite verkürzt und daher falsch.

Kein Mensch kann sich auf die Dauer emotional selbst versorgen, schon gar nicht zu Beginn des Lebens. Das Problem liegt in der Art und Weise, wie Erwachsene mit Kindern umgehen, die Abhängigkeit des Kleinkindes als etwas Mangelhaftes empfinden und eventuell dazu benutzen, um sich selbst aufzuwerten und stärker zu fühlen. Beide Geschlechter verknüpfen mit ihrer Furcht vor Abhängigkeit die Beziehung zur Mutter, ihr gilt die Wut und der Groll, denn der Vater war abwesend. Wenn wir das Angewiesensein auf diese mächtige Person (später auf andere Erwachsene) schmerzlich und bedrohlich erlebt haben (weil die im Stich gelassene und überforderte Mutter dazu neigt, ihre Macht zu mißbrauchen), retten wir uns in der Kindheit mit dem Gedanken: »Wenn ich groß bin, brauche ich niemanden mehr.«

Wir verdrängen dabei, daß wir ohne das Ausleben von Anhänglichkeits- und Abhängigkeitswünschen nicht selbständig werden können. Tatsächlich sind wir nicht imstande, allein zu existieren. Es wird übersehen, daß der offene und direkte Umgang mit dem Wunsch, Hilfe und Unterstützung zu erfahren, die beste Möglichkeit ist, eigenständig zu werden und selbst Schritte auszuprobieren. Gerade wenn ich die Sicherheit im Gefühl habe, auf ein hilfreiches Netz von Beziehungen zurückgreifen zu können, kann ich die Grenzen meiner Kraft und Möglichkeiten ausprobieren.

Abhängigkeit und Eigenständigkeit gehören in dieser Betrachtungsweise zusammen und sind nicht zwei Seiten einer Medaille, sondern unterschiedliche Bewegungen in einem Prozeß. Aber in unseren Köpfen und vor allem im Gefühl, spukt die negative Bewertung: »Um Himmels willen, bloß nicht abhängig sein.« Besonders Frauen sind ihren Wünschen nach Anlehnung und Geborgenheit äußerst feindselig und mißtrauisch gegenüber, obwohl sie auf Grund ihres Mangels meist randvoll damit sind.

Menschsein bedeutet sowohl Individuum als auch soziales

Wesen zu sein. Beide Aspekte wollen zu ihrem Recht kommen und gelebt werden. Diese Grundtatsache des menschlichen Lebens bleibt eine ständige Quelle des Konflikts. In seinem Buch »Werden der Persönlichkeit« weist G. W. Allport darauf hin, daß in der Entwicklung eines jeden Menschen zwei unterschiedliche Kräfte am Werk sind, scheinbar entgegengesetzt: Die eine richtet sich darauf, zu einem Gemeinschaftswesen zu werden, die andere stellt den Versuch dar, dem Druck der Anforderungen von außen Widerstand zu leisten. »Sein ganzes Leben lang wird dieses Wesen versuchen, zwei Arten des Werdens zu vereinigen, die Gemeinschaft und die persönliche.« Bei der Richtigkeit seiner Überlegungen hat Allport nicht berücksichtigt, daß die patriarchalische Gesellschaft diese Werdensaufgabe für Frauen und Männer unterschiedlich, nämlich arbeitsteilig gemacht hat, so daß in keinem Falle »ganze Menschen« dabei entstehen können. Nach wie vor sieht die Weiblichkeitsrolle für Frauen in weit geringerem Maße die Notwendigkeit vor, sich persönlich zu entwickeln und individuelle Aspekte, auch Abgrenzungen zu verwirklichen. Für die Belange dieser männlichen Gesellschaft reicht es völlig aus, wenn die Frau unkonturierter Rohstoff bleibt, der vielfältig zu benutzen ist, formbar für männliche Bedürfnisse, und als Lebenselement zur Verfügung steht. In diesem gesellschaftlichen Arrangement stören Frauen mit Gesichtern und Konturen bloß. Für den Mann ist wieder einmal alles ganz anders. Er ist zwar Nutznießer der Gemeinschaft und des Beziehungsnetzes, das die Frauen schaffen, aber er gestaltet es nicht wirklich mit, denn ihm ist es vorbehalten, Einzelkämpfer zu sein. Er soll sich im Konkurrenzkampf profilieren und seine Persönlichkeit verwirklichen, darf aber seinen »sozialen Aspekten« nicht allzuviel Aufmerksamkeit schenken, sonst läuft er Gefahr, kein richtiger Mann zu sein.

Das Dilemma, das die Strukturen unserer Gesellschaft in so entscheidender Weise mitbestimmt, prägt auch die Muster in den persönlichen Beziehungen zwischen den Partnern.

Hier stellt es sich als Nähe- und Distanzproblem dar und ist eng mit der Frage von Eigenständigkeit oder Abhängigkeit der jeweiligen Partner/innen verbunden.

Da diese Themen so häufig Anlaß für Schmerz, Streit und Verzweiflung sind, erscheint es mir sinnvoll, diesen Konfliktherd noch einmal näher anzuschauen, um die Bewegungsmuster besser zu verstehen. Ich werde mich zunächst der Situation der Frau zuwenden und später darauf eingehen, welche Bedeutung Nähe und Distanz im Leben der meisten Männer hat.

Die Situation der Frau in der Beziehung

Wir haben bereits festgestellt, daß ihre Entwicklung als Mädchen in den Verbundenheitsgefühlen zur Mutter stattfindet, so daß die Identität von Frauen auch zu einem späteren Zeitpunkt eher von »Wir-Zusammenhängen« geprägt ist als von einem klaren »Ich-selbst-Gefühl« oder »Ich-allein-Gefühl«. Nähe herzustellen bedeutet für Frauen, die Kontinuität früher Erfahrungen fortzusetzen und darüber hinaus ein Erlebnis des Richtigseins. Die weibliche Nähearbeit in den Beziehungen (nicht nur zum Mann, sondern auch zu den Kindern, Freunden/innen und Menschen überhaupt) umfaßt viele Fähigkeiten: angefangen von der Fähigkeit der Einfühlung und Anteilnahme, über Fürsorge und Pflege, dem Zuhören und Trösten-Können, der Übersetzung von unausgesprochenen Stimmungen und Gefühlen, dem Zuspruch und der Ermutigung für andere, dem Ausdruck von Zuneigung und Zärtlichkeit, dem Spenden von Wärme und Geborgenheit bis hin zum Schaffen einer angenehmen freundlichen Atmosphäre, eines Klimas, in dem Menschen leben können. Frauen verfügen über ein weites Spektrum von Möglichkeiten – ich habe hier nur einige wesentliche Aspekte genannt –, Nähegefühle auszudrücken und Intimität herzustellen.

Das alles findet während beliebiger anderer Tätigkeiten statt, und es bedarf keines bestimmten Ortes, sondern einzig und allein der inneren (meist vorhandenen) Bereitschaft, es zu tun. Da es zum permanenten Beschäftigungsprogramm von Frauen gehört, wird es auch von ihnen selbst kaum je in aller Deutlichkeit wahrgenommen.

Die Spezialisten für Nähewünsche anderer haben nun ihrerseits enorme Mühe, die eigenen diesbezüglichen Wünsche an ihre Partner heranzutragen. Sie haben verinnerlicht, daß sie nicht zuviel erwarten und schon gar nicht fordern dürfen. Die weibliche Sprache legt in einzigartiger Weise von dieser Schwierigkeit Zeugnis ab. Sie hütet sich davor, klar und deutlich Forderungen zu stellen, und ist durchsetzt von »Bitte, würdest du...« und »Könntest du vielleicht...«

Frauen rechnen nicht wirklich damit, daß Männer sich um die Nähe zu ihnen bemühen und Verantwortung dafür übernehmen, daß *zwischen* ihnen etwas weitergeht. Beziehungspflege ist ihre Aufgabe. Es ist bemerkenswert, daß fast alle Frauen in Therapiegesprächen die Sorge ausdrücken, ihren Partner, Freund, Ehemann zu überfordern, wenn sie ihn mit ihren wirklichen Wünschen und Bedürfnissen konfrontieren oder ihn darüber in Kenntnis setzen sollen, wie es ihnen wirklich geht. Eher greifen sie zum Tagebuch oder vertrauen einer Freundin diese Geheimnisse und Kümmernisse an. Das innere Gebot, den Partner schonen zu müssen, führt dazu, daß sie in den seltensten Fällen darauf bestehen, daß der Mann ebenfalls therapeutische oder andere Hilfe suchen muß, um sich an der Beziehungsgestaltung zu beteiligen. Was sie ganz selbstverständlich auf sich nehmen, um »die Ehe oder Partnerschaft zu retten«, darf ihm auf gar keinen Fall zugemutet werden. Am besten ist, daß er nicht einmal erfährt, daß sie sich Unterstützung und Hilfe gesucht hat, »um ihn besser zu verstehen und lieben zu können«. Für manche Frauen ist es zunächst ein Schock, wenn ich in der Therapie (fast immer) darauf bestehe, den anderen Teil der Partnerschaft kennenzulernen, um Eindrücke zu gewinnen, die mir das Verständnis für die Frau oder die Situation des Paares erleichtern. Noch verblüffter sind sie dann, wenn die Männer auf meine telefonische oder schriftliche Einladung hin tatsächlich zum Gespräch erscheinen und fast immer klar wird, daß ihre Weigerung auf der schonenden Haltung ihrer Frau beruht.

Sie hat sich daran gewöhnt, mit ihm ängstlich und äußerst vorsichtig umzugehen, und hat ihn so zu einer machtvollen Instanz oder einem kleinen, inkompetenten Jungen gemacht, daß sie ganz verlernt hat, ihn wie einen erwachsenen verantwortlichen Menschen zu behandeln. Wenn ich mich bei einer

Begegnung innerlich, aufgrund ihrer Schilderungen, auf einen kraftvollen Giganten eingestellt habe, erscheint meist ein etwas zerknirschter, in dieser Situation unsicher wirkender Mann, der ratlos zugibt, daß »er nicht weiß, was er machen soll«. Er versteht buchstäblich nicht, worum es eigentlich geht. Aus seiner Sicht ist die Beziehung meist in Ordnung. Zugegeben, es wäre ganz schön, wenn seine Frau etwas mehr Lust im Bett hätte oder öfter einmal die Initiative beim Sex ergreifen würde, aber sonst...? Er beteuert, daß er bereit sei, etwas zu machen, und begreift nur schwer, daß es seiner Frau um mehr Kontakt geht, um Gespräch, Austausch und Verständnis. Er würde begreifen, wenn sie von ihm fordern würde, daß sie mehr Geld haben will, eine größere Wohnung, ein neues Haus, Dinge für den Haushalt, aber daß sie von ihm, von seiner Person mehr spüren möchte, das bringt ihn zur Verzweiflung. Da sitzt er dann, der Fachmann, der leitende Angestellte, Beamte, Akademiker, der sonst so eloquente Mann, und sucht hilflos nach Worten, nach einer Sprache, die er in seiner Kindheit zurückgelassen hat.

Eine andere Version ist die, daß der männliche Besucher sehr beredt ist und doch nichts über sich und seine Situation in der Beziehung sagt. Mit betont unbewegter und sachlicher Stimme bringt er wortreich zum Ausdruck, daß seine Frau wohl irgend-welche Probleme habe, aber er scheint großen Wert darauf zu legen, daß das mit ihm rein gar nichts zu tun hat. Er ist schließlich sehr erfolgreich im Beruf und hat wirklich Wichtige-res zu tun, als sich um die Stimmungen seiner Frau zu kümmern. Aus Wohlerzogenheit, aus reiner Höflichkeit und weil »mann« schließlich auch ein paar fortschrittliche Ideen im Kopf hat, sitzt er diese Stunde ab, aber im Grunde kommt es ihm albern vor, und innerlich ist er längst bei seinem nächsten »wichtigen Termin«. In leichte Panik gerät er, wenn ich mich nicht an die Spielregel halte und anstatt über seine »therapiebedürftige Frau« *zu ihm* spreche, an dem Abwehrpanzer und der Fassade zu rütteln beginne. Damit hat er wirklich nicht gerechnet und signalisiert mir, daß er es für ziemlich unmöglich hält, daß eine völlig fremde Frau nach seinen Gefühlen fragt. Wenn ich ihm einen »unsittlichen Antrag« machen würde, könnte er nicht peinlicher berührt wirken. Beim Verabschieden atmet er durch, Pflichtübung abgehakt und vergessen.

Da haben wir also die Spezialistinnen für Beziehungs- und Liebesfragen und die wortreichen oder sprachlosen Analphabeten nebeneinander. Sie sitzen da, grollend, traurig und verzweifelt oder unterkühlt und unbeteiligt. Nein, so wie die Dinge liegen, wird sie die gewünschte Nähe von ihm nicht bekommen, da bedarf es einschneidender Veränderungen.

Umfassende Nähe erfahren Frauen nach eigenen, oft erstaunten Aussagen, weil ihnen dies gar nicht bewußt war, in der Beziehung zu anderen Frauen und Kindern. Im Kontakt mit ihrem Mann bleiben die Nähewünsche fast immer problematisch. Sie nehmen vorweg, daß er ihre Wünsche nicht wahrnehmen und erfüllen will, und befürchten, in seinen Augen schwach und minderwertig zu sein, wenn sie offen mit ihrem Kontaktwunsch umgehen.

Der sexuelle Bereich, der viele Möglichkeiten von Nähe- und Verbundenheitserfahrungen bieten könnte, wird häufig zu einer Quelle von Frustration, Gehorsamsleistungen und Entfremdung. In den Therapiesitzungen bringen viele Frauen zum Ausdruck, daß sie keine Lust auf Sexualität spüren, weil ihnen Nähe in anderer Form fehlt. Sie vermissen die Annäherung in Gesprächen, Anteilnahme an ihren Belangen und Interesse an ihrer ganzen Person, sie möchten Zärtlichkeit, die nicht gezielt zur Sexualität führt, Berührungen und liebevolle Gesten im Alltag zwischendurch, sie wollen ihn nahe bei der Mithilfe im Haushalt und der Erledigung der täglichen Aufgaben. (Vergessen wir nicht, daß der erste zärtliche Körperkontakt für beide Geschlechter mit einer Frau stattfand und der Mann in den sexuellen Begegnungen mit der Partnerin auf einen wohlbekannten, vertrauten Körper trifft, während die Frau in den Umarmungen nicht in gleicher Weise an ihre frühe erotische Erfahrung anknüpfen kann. Vielleicht braucht sie auch deshalb mehr Annäherung.)

Wenn sie sich bei ihm beklagt, daß sie keine Lust auf ihn hat, weil er nicht mit ihr spricht, bekommt sie von ihm häufig zu hören, daß er sich erst auf Gespräche einlassen kann, wenn sie vorher zusammen im Bett waren und Liebe gemacht haben. Ein frustrierender Kreislauf schließt sich wieder einmal.

Eine weitere Ursache für die geringe oder fehlende Lust von Frauen ist ihr Überengagement in den Beziehungen. Bei der ständigen Nähearbeit lösen sich ihre eigenen Konturen häufig auf, und es fehlt ihr schließlich die Nähe zu sich selbst. Selbstbewußtsein und die Fähigkeit zur Selbstbestimmung bilden eine wesentliche Voraussetzung für ein befriedigendes Sexualleben. Frauen, die in ihrem Aufgaben- und Arbeitsbereich selbstbestimmend und aktiv sein können, die zufrieden mit ihren Leistungen sind, haben nachweislich ein erfreulicheres Sexualleben als andere.

In ihrem Buch »Ödipus' Schwester« weist BENOÎTE GROULT auf den zweiten Kinsey-Report hin, der die Schlußfolgerungen des ersten revidiert. »Aufgrund unvollständiger Voraussetzungen hatten wir gefolgert, Frauen mit wenig Schulbildung seien ganz allgemein leichter zu erregen. Diese Schlußfolgerungen müssen jetzt richtiggestellt werden. Und noch eine skandalöse und allen Dogmen absolut widersprechende Entdeckung: Je ausgeprägter dominierende Charakterzüge bei einer Frau sind, je mehr Möglichkeiten sie hat, ihre Talente und ihre Fähigkeiten einzusetzen, je größer ihre Fähigkeit ist, Geschlechtsverkehr zu genießen, desto hingabefähiger und desto weniger egozentrisch und narzißtisch ist sie auch. Je höher die Frau also steht, desto reicher werden ihre sexuellen Beziehungen: Es werden zwischenmenschliche Beziehungen daraus. Professor MASLOW geht noch weiter: Sexuelle Beziehungen sind bei den Menschen, die sich selbst verwirklichen, am intensivsten und reichsten, obgleich Sex und auch Liebe nicht die größte Motivation ihres Daseins darstellen.«

Auf Grund der engen Verbindung von Liebe und Gehorsam ist für viele Frauen der sexuelle Bereich immer noch von männlicher Fremdbestimmung geprägt. Solange sie von Männern nicht als Gleiche akzeptiert werden und es in ihrem eigenen Bewußtsein auch nicht sind, stellt die weibliche Sexualität eine Bedrohung für beide Geschlechter dar. Entgegen allen anderslautenden Informationen gewinne ich in den Gesprächen mit Frauen (nicht nur im Therapiebereich) den Eindruck, daß viele von ihnen ihm die Verantwortung für ihre Lust überlassen. Die traditionelle Erziehung vermittelt den Mädchen und Frauen das Verbot, wirklich über den eigenen Körper zu verfügen. Die Erziehung zur Liebesfähigkeit beinhaltet nicht selbstbestimmte Lustfähigkeit. Im übrigen trägt die Flut pornographischer Schriften täglich dazu bei, daß den Frauen gewaltsam eingehämmert wird, wie sie der männliche Blick wahrnimmt: »All diese heißen Fotzen, diese eingebildeten Fotzen, die man aufbrechen muß, die herrlich unpersönlichen, angebotenen Fotzen ... amerikanische Fotzen, die sind nicht besonders; französische Fotzen, das sind die besten, denn in Paris funktioniert die Prostitution erstklassig: Im Hotel brauchte ich nur zu klingeln, um Frauen zu bekommen, genau wie man einen Whisky-Soda bestellt« (aus: Stille Tage in Clichy, von HENRY MILLER).

In der männlichen Literatur gibt es zahllose Beispiele dafür, wie mit Abscheu, Entsetzen, Ekel und Haß vom weiblichen Geschlecht gesprochen wird. Es ist bekannt, daß für sehr viele Frauen der »Lustbereich Sexualität« täglicher Alptraum von Angst, Gewalt und Demütigung ist. Die »Anti-Porno-Kampagne« der »Emma«-Herausgeberin ALICE SCHWARZER, deren Aktion spektakulär und umstritten ist, stellt einen hoffnungsvollen Ansatz dafür dar, daß Frauen endlich die Möglichkeit eröffnet wird, sich gegen diese gezielte Herabsetzung und Angstmache zu wehren. Ein erster Erfolg ist bereits, daß das Thema Pornographie zu kontroversen Debatten in den Medien geführt hat und nicht mehr einfach vom Tisch gefegt werden kann.

Nähe in der Beziehung zum Mann stellt also keineswegs uneingeschränkt ein Spektrum an Lust und Freude dar, sondern ist für viele Frauen primär mit Arbeit verbunden, von Enttäuschungen, Zweifeln und Angst besetzt.

Da ziemlich offensichtlich ist, daß die Mehrheit der Frauen auf die Dauer nicht ohne männlichen Partner leben will, bleibt die Frage nach ihrer Fähigkeit zur konflikthaften Auseinandersetzung von großer Bedeutung. Was kann sie in der bestehenden Misere tun? Wie kann sie Einfluß nehmen und sich gegen seine Zumutungen wehren?

Diesem Thema möchte ich im letzten Kapitel des Buches mehr Aufmerksamkeit widmen und hier an dieser Stelle zunächst darauf eingehen, warum Frauen die Möglichkeit, sich zu distanzieren, so wenig in der Beziehungsgestaltung nutzen.

Das Erlebnis von Distanz und Abgrenzung von seiten ihres Partners (aber durchaus auch in anderen Beziehungen) wird von sehr vielen Frauen wie eine Bestrafung und daher bedrohlich empfunden. Die Furcht, fallengelassen zu werden und jederzeit durch »eine andere« ersetzbar zu sein, ist, wenn nicht ständig präsent, so doch sehr leicht abrufbar. Interessanterweise fühlen Frauen sich für die Distanz, die der andere herstellt, sehr leicht verantwortlich, selten sehen sie die Gründe bei ihm oder in Bedingungen, die nichts mit ihr zu tun haben. Fast reflexhaft scheint sie den Rückzug von seiner Seite so zu interpretieren, daß sie im Umgang mit ihm irgend etwas versäumt oder übersehen hat. Da er nicht gelernt hat, über seine Gefühle und Stimmungen selbst zu sprechen, rätselt sie an den Ursachen herum und gerät in Aufregung oder Resignation. Die Bereitschaft, sich schuldig zu fühlen, hindert sie daran, die unangenehme Situation offen anzusprechen und den Konflikt durchzustehen. Sein Rückzug mobilisiert in ihr den ganzen Einfallsreichtum einer liebesfähigen Frau, die alles daran setzt, ihn wieder weich und zugänglich zu stimmen. Der freie Raum, der durch die Distanz entsteht, wird von ihr kaum positiv genutzt. Sie ist ungeübt darin, ihn in Ruhe »schmoren« zu lassen, bis er sich selbst bequemt, den abgerissenen Beziehungsfaden wieder zu knüpfen. Statt eine Kraftpause einzulegen und seine selbstgewählte Abwesenheit zur Erweiterung des eigenen Bewegungsspielraums zu nutzen, die eigenen Anliegen in den Mittelpunkt zu rücken, hat sie das Gefühl, in einen schrecklich kalten, leeren Raum verbannt zu sein, und sie kann nicht darauf vertrauen, daß der Mann sie dort herausholen wird. Wenn der Mann, aus welchen Gründen auch immer, seine Grenzen enger zieht, bedroht das ihre Identität auf schmerzliche Weise. Und da ihr nichts garantiert, daß sie von seiner Seite Unterstützung zu erwarten hat, beginnt sie ziemlich rasch die Distanz zu leugnen und zu überspielen. Sie plaudert mit ihm, während er schweigt, sie umsorgt ihn liebevoll, während er signalisiert: »Bleib mir vom Leibe, laß mich in Ruhe!« Sie beschwichtigt und glättet, während er seiner aggressiven Laune freien Lauf läßt. Und schließlich stellt sie ihm ihren Körper zur Verfügung, damit er sich daran erinnert, daß *sie existiert*.

Während sie in ihrer Wahrnehmung das Trennende leugnen und sich und den anderen zu täuschen versuchen, spüren sie zumindest diffus, daß die so ermogelte Nähe nicht das ist, was sie sich eigentlich wünschen. SIMONE DE BEAUVOIR schreibt zu den Täuschungsmanövern der Frauen: »Sie zwingt den Mann, sie anzulügen: Liebst du mich? Genauso wie gestern? Liebst du mich immer? Geschickt stellt sie die Fragen dann, wenn die Zeit fehlt, im einzelnen und aufrichtig zu antworten, oder auch, wo die Umstände es verbieten. Während einer Liebesumarmung, nach überstandener Krankheit, unter Schluchzen oder auf dem Bahnsteig will sie die Antwort haben. Aus den Antworten, die sie so ertrotzt, macht sie ihre Siegestrophäen« (aus: Das andere Geschlecht).

Eine Mutter von zwei Kindern, Apothekerin von Beruf, die an Brustkrebs erkrankte, nachdem ihr Mann sie wegen einer anderen Frau verlassen hatte, sagte mir im Verlauf eines Therapiegespräches: »Eigentlich habe ich es lange vorher gewußt, daß er nicht mehr wirklich bei mir war. Ich habe es einfach nicht sehen wollen. Als er nächtelang wegblieb, habe ich mich damit beruhigt, daß er berufliche Gründe hat. Bis zum Schluß habe ich mir vorgemacht, daß alles in Ordnung ist.«

Über diese Haltung des So-tun-als-ob schreibt CHRISTINA THÜRMER-ROHR: »Frauen sollen so tun, als ob sie den anderen, den Männern, gern dienstbar und verfügbar sind; so tun, als ob sie Gefallen an ihnen und ihrer Behandlung haben; so tun, als ob sie in der Liebe zu ihnen aufgehen; so tun, als ob sie deren Treiben gutheißen und bewundern; so tun, als ob sie ausgefüllt und beglückt sind von den Aufgaben und Grenzen, die ihnen zugewiesen sind; so tun, als ob sie keinen Widerspruch, keine Verneinung kennen, keinen Haß auf ihr raum- und geistsparendes Leben und dessen Verursacher. Ihr Dasein für andere steht unter Bedingungen, zu allererst der Bedingung der Schonung und Stützung der Männerwelt. Unter dieser Bedingung werden Frauen für ihre Lügen belohnt.«

Tatsächlich ist die Möglichkeit, die eigenen inneren Abwehrgefühle zuzulassen, mittels Wut und Zorn Distanz herzustellen, mindestens eine ebenso große Gefahr für die Sicherheit der eigenen Person wie die trennenden Manöver des Mannes. Die einseitige Festlegung auf Nähearbeit verpflichtet Frauen dazu, auf offene Aggression zu verzichten. Da sie ihre Wut kaum je zulassen, fehlt ihnen die Übung darin, kämpferisch und direkt für eigene Belange einzutreten; sie wehren sich auf indirekte Weise und erhalten damit nur den alten Zustand. Indem sie sich zu bloßen Opfern liebes- und lebensfeindlicher Bedingungen erklären, ersparen sie sich die Verantwortung ihrer Mittäterinnenschaft im Arrangement mit den Männern.

Nachdem ich nun versucht habe, die Situation der Frau in einer Beziehung unter den Aspekten von Nähe und Distanz zu umreißen (im konkreten Einzelfall ist nicht nur alles viel differenzierter zu sehen, sondern kann auch ganz anders sein), möchte ich unter den gleichen Gesichtspunkten die Position des Mannes skizzieren.

Die Situation des Mannes in der Beziehung

Was den Umgang mit Nähe anbelangt, befindet der Mann sich quasi »in einem anderen Land« als die Frau. Es kann nicht oft genug wiederholt werden (damit es irgendwann doch ins Bewußtsein dringt), daß die geschlechtliche Arbeitsteilung für ihn die Bemühung um Nähe nicht vorsieht. Nähe ist etwas, was Männer in Anspruch nehmen! Da sie für viele von ihnen wie ein beliebiges Konsumgut vorhanden ist, kann sie offenbar erst dann geschätzt werden, wenn sie fehlt. In seinem Buch »Männer lassen lieben« beschreibt WILFRIED WIECK den Mann als den eigentlich schwachen und abhängigen Teil einer Beziehung, dem das Bewußtsein für diese »Kraftlosigkeit« erspart wird, da die Frau ihn gewöhnlich funktionstüchtig hält. Erst wenn Frauen die Pflege- und Fürsorgetätigkeit verweigern, merken Männer, daß etwas fehlt.

Sobald die Nähewünsche eines Mannes befriedigt sind (Unterstützung, Anteilnahme, Ermutigung, Zärtlichkeit, Sexualität), wird jede Fortsetzung dieser entstandenen Intimität gefährlich oder lästig. Sobald die Nähe gegenseitig werden soll, ergreifen sie lieber die Flucht, schützen Arbeit und »wichtige Termine« vor, müssen in die Werkstatt oder das Auto waschen, haben Verabredungen mit Sportsfreunden und reparieren mit Vorliebe in der Wohnung oder im Haus herum.

Damit die Stimmung nicht allzu schlecht wird, vertröstet er sie auf »später, wenn alles fertig ist«, wobei er auf mysteriöse Weise niemals zu einem Ende kommt. Von ihren Nähewünschen fühlt er sich nicht nur belästigt oder eingeengt, im engeren Kontakt befürchtet er (zu Recht), daß seine Männlichkeitsfassade Kratzer bekommen und Schwächegefühle deutlich zutage treten könnten, die er gerne verheimlichen möchte, selbst wenn er sie nur dunkel ahnt. Außerdem könnte es sein, daß die Männer auf Ungereimtheiten in ihrer Selbstwahrnehmung und Selbstdarstellung stoßen würden, und all dies ist ihnen unangenehm. Aus der Beziehung zur Mutter bringen sie die Erfahrung mit, daß sie die Nähe meiden müssen, um zu einer männlichen Identität zu gelangen. In ihren Köpfen spukt der autarke Mann als Leitfigur, einer, der niemanden braucht, der alles allein schafft und der enorme Bemühungen aufbringt, um »cool« zu sein.

Ein 35jähriger Chemiker in leitender Stellung, der mit seiner Frau wegen sexueller Probleme und Schwierigkeiten in der Kindererziehung Therapiegespräche mit mir führte, erzählte mir in einer Einzelstunde: »Ich war ein ziemlich schüchterner und ängstlicher Junge und hing sehr an meiner Mutter. Meinen Vater hat das geärgert, weil er dachte, daß sie mich verzärteln würde. Von ihm bin ich oft mit einer Peitsche geschlagen worden. Anfangs habe ich schrecklich geweint, weil es furchtbar weh tat, aber eines Tages habe ich mir vorgenommen, so zu tun, als ob ich den Schmerz nicht fühlen würde. Dieses Nichtfühlen habe ich unwahrscheinlich trainiert, während ich von ihm den Hintern versohlt bekam, und das Verrückte ist, eines Tages tat es tatsächlich nicht mehr weh. Ich spürte den Schmerz nicht mehr.« Nun saß er da mit 35 Jahren und hatte den Zugang zu seinen

Gefühlen derart verloren, daß weder seine Frau noch seine Kinder einen wirklichen Kontakt mit ihm herstellen konnten und er sich selber in seinem Abwehrpanzer wie ein Gefangener vorkam. Im Sinne unserer Gesellschaft war dies ein absolut normaler, sogar ungewöhnlich tüchtiger und erfolgreicher Mann, der regelmäßig an Marathonläufen teilnahm.

Nähefähigkeit ist kein erstrebenswertes Anliegen für Männer, gleichwohl sind sie imstande, Kontakte herzustellen und sie auf ihre Art aufrechtzuerhalten. Es geschieht auf eine sachliche, unpersönliche Weise. Bei ihnen sind die Verbindungsglieder »Aufgaben«, »Projekte« und gemeinsame Aktionen. Männer sind imstande, Freundschaften zu leben, ohne je ein intensives persönliches Gespräch über sich und ihre sonstigen Beziehungen zu führen. Frauen macht diese Haltung sprachlos, da es für sie kaum eine Situation gibt, in die nicht persönliche Belange einfließen oder wenigstens bedacht werden. In der Beziehung zu seiner Partnerin beschränkt sich die Fähigkeit des Mannes, aktiv Nähe herzustellen, meist auf die sexuelle Annäherung. Ihm geht es nicht so leicht über die Lippen: »Wie geht es dir?« oder »Wie fühlst du dich?«, »Was beschäftigt dich gerade?« zu fragen. Ihm ist es kein selbstverständliches Anliegen, seine Kräfte so einzuteilen, daß neben der Bewältigung der Arbeit und der Beschäftigung mit persönlichen Interessen und Hobbys ein Reservoir an Wachheit und Anteilnahme für die Gestaltung seiner Beziehungen bleibt. Zwischenmenschliches fällt in ihr Ressort, ihm darf das Gespür für Gegenseitigkeit fehlen. Frauen berichten häufig darüber, daß sie ihren Partner im alltäglichen Umgang abwesend, unzugänglich und schwer zu bewegen empfinden und sie ihn erst persönlich spüren, wenn er im Zusammenhang mit Sexualität erstaunlich verletzliche und weiche Züge zeigt (andererseits hier auch zu besonderer Gewalttätigkeit fähig ist, wenn nicht alles nach seinen Wünschen verläuft).

Anscheinend ist die Sexualität einer der wenigen Bereiche, in denen es Männern erlaubt ist, Gefühle und Sensibilität auszudrücken, an Näheerfahrungen aus ihren Kindertagen anzuknüpfen und den Schutzpanzer vorübergehend abzulegen.

Es ist daher nicht weiter verwunderlich, daß er ihre Wünsche nach mehr Nähe häufig so interpretiert, daß sie von ihm Sexualität möchte, während sie in Wirklichkeit an emotionale Anteilnahme, Gespräche, liebevolle Zärtlichkeit und die Möglichkeit denkt, einmal bei ihm ausruhen zu dürfen und dabei Trost und Geborgenheit zu finden.

Männer beanspruchen Nähe, um Erholung und Entspannung zu finden, um Kraft aufzutanken für den »Existenzkampf«, aber nicht um ihrerseits Nähe spenden zu können. Häufig wissen sie nicht einmal, daß das Schaffen einer angenehmen guten Atmosphäre in der Nähe möglich wird, für Frauen mit einem enormen inneren Aufwand an Gefühlsarbeit verbunden ist. Sie fühlen sich nicht mitverantwortlich und sind daher imstande, ein gutes Klima innerhalb kürzester Zeit durch sorglose, unbedachte Äußerungen zu zerstören. Es bleibt den Frauen überlassen, das zerrissene Netz wieder zu knüpfen, und leider sind sie dazu allzuleicht bereit, anstatt ihn durch das von ihm verursachte Beziehungsloch fallen zu lassen. Wahrscheinlich würde ein unsanfter Aufprall sehr viel mehr bewirken als jede glättende, nachsichtige Haltung von ihrer Seite.

Aber noch ist die Fähigkeit, das männliche Befinden zu erspüren und entsprechend darauf einzugehen, Bestandteil der weiblichen Nähearbeit. Ergebnis ist, daß sie oft viel besser als er selbst weiß, wie es ihm geht. In ihrem Buch »Eine Frau von vierzig Jahren« beweist VITA SACKVILLE-WEST den genauen und einfühlsamen Umgang mit männlichen Gedanken: »Sein Leben war zu erfüllt und zu männlich, um ihre rein weiblichen Schwierigkeiten zu erfassen. Er liebte sie, aber sie war Zerstreuung für ihn, nicht sein ganzes Leben. Er liebte sie gewiß. Doch er liebte sie besonders, wenn sie so heiter, so glücklich, so einfach, so unbeschwert und so malerisch war wie die Blumen an diesem Morgen vor der offenen Tür im Garten. Er konnte es nur nicht ertragen, wenn sie schwieg und anstrengend und eifersüchtig war. Dann hatte er den Wunsch, für immer von ihr zu gehen und von der Liebe mit all ihren lästigen und weiblichen Schwierigkeiten befreit zu sein, doch wenn sie froh und unbeschwert war und so hübsch, wie sie ausgesehen hatte, als sie in ihrem Musselinkleid am Türrahmen in der Sonne lehnte, hatte er das Gefühl, daß er für immer bei ihr bleiben wolle. Er war ihr besonders dankbar dafür, daß sie ihn an sein Buch geschickt hatte... Weshalb konnte sie nicht immer so vernünftig sein wie an diesem Morgen? Dann hätte es niemals Verdruß zwischen ihnen gegeben.«

Aber wenn die Nähe unangenehm und schwierig wird, bleibt ihm der für ihn ungefährliche Rückzug in die Distanz. Anders als bei den Frauen, in deren Identität Verbundenheitsgefühle mit anderen fest integriert sind, gehören Abwehr und Distanz zum Männlichsein unabdingbar dazu. Die distanzierte Haltung im Umgang mit sich selbst und anderen wird sozusagen zu ihrer zweiten Haut, einem Panzer, der Frauen häufig zu der Annahme verleitet, daß dahinter ein unvorstellbarer Schatz verborgen sein muß, den sie natürlich entdecken möchten. Männer verfügen über ein enormes Spektrum an Distanzmöglichkeiten (es ergänzt das Nähespektrum von Frauen). Ihre Gefühlsabwehr und innere Unzugänglichkeit drückt sich häufig schon im Körper aus; in ihrer Mimik, in den Gesten, in Blicken und im Gang vermeiden sie alles, was eine verbindliche, freundliche und entgegenkommende Haltung kennzeichnet. Distanzgefühle prägen das Klima, in dem Männer sich gewöhnlich aufhalten. Ohne direkten, unmittelbaren Kontakt zu Lebendigem, ohne die Sorge um die Erhaltung und Pflege von Leben vermitteln Männer häufig den Eindruck, daß sie ständig in Feindesland leben.

Im Verlauf der Anpassung an die männliche Rolle haben sie oft den lebendigen Kontakt zu sich selbst verloren, das Kind in ihnen ist auf der Strecke geblieben, der Zugang zu den reichen Gefühlen einer frühen Lebenszeit ist versperrt und bis zur Fühllosigkeit abgetötet worden (während für das Mädchen die Entfaltung von Gefühlsreichtum geradezu Ideal ist).

Der so präparierte Mann ist nun bereit, Abstraktes zu lieben, Dinge und Sachen in den Mittelpunkt seines Interesses zu stellen. Er ist fasziniert von technischen Funktionen und Apparaten, entwirft, produziert und vervollkommnet sie.

Wenn es um Autos, Computer und hochspezialisierte Waffensysteme geht, ist er absolut präsent; hier lauert für ihn keine emotionale Gefahr wie in den Beziehungen. In diesem Bereich berauscht er sich an seinem Gefühl von Können und Macht und genießt die Vorstellung, alles kontrollieren und beherrschen zu können. Sich in einem Klima von Distanz aufzuhalten bedeutet für den Mann gewöhnlich keine Bedrohung. Im Gegenteil, er genießt es, Freiheit zu empfinden, in seinen expansiven Bewegungen nicht eingeschränkt zu sein und Rücksicht auf banalen (zwischenmenschlichen) Kleinkram nehmen zu müssen. Bei der Aufrechterhaltung von Distanz stellt die sogenannte männliche Objektivität einen wichtigen Baustein dar. Besonders im wissenschaftlichen Bereich wird von Männern der Wahn gepflegt, allmächtig zu sein (Atomkraft und Gentechnologie bieten hierfür eindrucksvolle und gefährliche Beispiele).

Die Notwendigkeit, aus der Distanz herauszutreten, ist relativ selten gegeben, da Männer, wann immer sie es zulassen und wünschen, lieben »Besuch« von ihren Freundinnen und Frauen erhalten, die jedoch als Störfaktoren empfunden werden, sobald die männlichen Bedürfnisse befriedigt sind. Da sie nicht mit dem »Nahen« beschäftigt sind (und davon belästigt werden, wie das bei Frauen ganz selbstverständlich hingenommen wird), können sie ihre Aufmerksamkeit und Konzentration dem »Fernen« widmen, den wirklich wichtigen, weltbewegenden Ereignissen. Einem »richtigen Mann« ist es in seiner Festung aus Distanz und Abwehr nicht unbehaglich. Es sei denn, daß ihn Lebensereignisse, zum Beispiel der Ausfall seiner emotionalen Versorgungsquelle (Frau), daran erinnern, daß er nicht allein auf dieser Welt existieren kann und nicht gelernt hat, für seine persönlichen Bedürfnisse selbst die Verantwortung zu übernehmen. Andere ähnlich einschneidende Ereignisse können Krankheiten sein, schwere Verluste, Arbeitslosigkeit und ähnliche Lebenskrisen. Offenbar ist die Erschütterungsfähigkeit vieler Männer sehr gering, gleich, ob es nun um den kleinen privaten Bereich der Familie oder um den größeren gesellschaftlichen Zusammenhang geht. Männer überhören Warnsignale, übersehen Zeichen bis zum Einbruch der Katastrophe. Da sie in puncto Angst Verdrängungskünstler sind, ist es kein Wunder, daß viele von ihnen die Beziehungsmisere erst dann realisieren, wenn die Frau bereits gegangen ist.

Die geschlechtlich so verschiedene Wahrnehmung von Nähe und Distanz, die Unterschiedlichkeit im Erleben und der kontrastierende Umgang von Frauen und Männern mit den entsprechenden Bedürfnissen führen in Beziehungen häufig zu Macht-Ohnmacht-Konstellationen. Es ist selbstverständlich, daß jede Partnerschaft und Ehe eine einzigartige, unverwechselbare Struktur zwischen den Beteiligten aufweist, die im Charakter und der Persönlichkeit der beiden Individuen wurzelt, in ihrer Lebensgeschichte, der sozialen Herkunft, Bildung, der Weltanschauung und politischen Gesinnung, der Wertwelt, die ihnen zur Orientierung dient und im engen Zusammenhang mit ihrer aktuellen Situation steht. Insofern mag es durchaus sein, daß die hier beschriebene Paarsituation im konkreten Einzelfall nicht zutrifft, da die den Männern zugeordnete Haltung teilweise auch von Frauen verkörpert werden kann und umgekehrt. Darüber hinaus gibt es offensichtlich geschlechtsbedingte Muster, die bei vielen Paaren Ähnlichkeiten aufweisen und dem gesellschaftlichen Bild von Mann und Frau entsprechen. Dem klischeehaften Bild entspricht es, daß die Frau als der schwächere und abhängigere Teil einer Beziehung erscheint, während der Mann als eigenständig und unabhängig gilt. Wir haben gesehen, daß dies nicht der Wirklichkeit entspricht, sondern Resultat der Arrangements ist, ein So-tun-als-ob. Tatsächlich beruht die Situation von Frauen und Männern nach wie vor auf Ungleichheit, weil beide nicht in gleicher Weise befähigt werden, zu lieben und gesellschaftliche Aufgaben zu übernehmen. Sie liebt – er läßt lieben. Beide Haltungen führen nicht zu einem Ganzen und haben letztendlich wenig mit Liebe zu tun, die gegenseitiges Wachstum und lebendige Entwicklung ermöglichen würde.

Für die meisten Menschen bleibt als Erbe ihrer »ersten Liebesgeschichte« die Erinnerung an die Allgegenwart der Mutter und die Abwesenheit des Vaters, eine Erfahrung, die dazu führt, daß wir *ihr* gegenüber entweder auf der Flucht oder zumindest auf der Hut vor ihren Ansprüchen sind, voller Furcht, nicht wirklich von ihr loszukommen, und ihn sehnsuchtsvoll suchen. Das Zweiermodell von Liebe, die Mutter-Kind-Symbiose, die wir kennenlernten, ist wenig glückhaft. Hier wurzeln Eifersuchtsgefühle und die Tendenz, andere Menschen auszuschließen, die das Zweierglück angeblich stören. Andererseits bringen wir aus dieser Quelle maßlose Erwartungen und Ansprüche an den/die Liebespartner/in mit, die offenbar in dem Maße steigen, wie wir uns durch die angstmachenden Bedingungen der Gegenwart bedroht fühlen. Dem Wunsch nach einem »sicheren Hort der Liebe« steht der Reiz und die Sucht nach Neuem gegenüber, die Erwartung, daß Bedürfnisse gleich und optimal erfüllt werden müssen, sozusagen »per Knopfdruck«. Wenn Beziehungen den gängigen Konsumzwängen unterliegen, verkommen sie ebenfalls zu Wegwerfprodukten. Ein anderer Standpunkt wäre, Beziehung als eine Art Kunstwerk zu betrachten, das mit Geduld, Mut, Humor und nicht zuletzt sinnlicher Lust und Freude zwischenmenschlich gestaltet werden kann.

Wenn Frauen und Männer dies heute versuchen, liegen sie absolut *nicht* im Trend der Zeit. Wenn sie dennoch imstande sind, gemeinsam Lebensräume zu erobern und zu gestalten, den Versuch der Liebe wagen, geschieht das *trotz* aller Unmöglichkeiten und nicht aus Bedingungen heraus, die ihnen bei dieser Aufgabe helfen. Das Bewußtsein, das Empfinden für Gleichberechtigung läßt sich nicht allein durch Gesetze oder durch Erlasse verordnen. Die Veränderung der äußeren Bedingungen ist nur ein Teil des notwendigen Veränderungsprozesses. So widerständig und schwierig es sein mag, über Jahrhunderte verkrustete Vorschriften und Regeln zu erneuern, scheint dies eine Kleinigkeit zu sein angesichts der Aufgabe, den Menschen das Unbewußte zugänglich und bewußt zu machen. »Das Bewußtsein der Entfremdung ist somit bereits das Bewußtsein eines veränderten Menschen, bedeutet bereits ein Stück vollbrachter Emanzipation« (aus: Angst im Kapitalismus, von DIETER DUHM).

Da dieser Erkenntnisprozeß ohne Verweigerung und Ungehorsam gegenüber den traditionellen Geschlechterrollen nicht möglich ist, möchte ich im letzten Kapitel auf das Thema Gehorsam und Ungehorsam in Verbindung mit dem Frau-Sein und Mann-Sein eingehen und konkrete Möglichkeiten der Veränderung aufzeigen.

VI. Kapitel

Von der Notwendigkeit, das „Herrschaftsinstrument Liebe" zu entmachten oder: Über die Tugend des Ungehorsams

Im November 1987 erschien unter dem Titel »Die Rückkehr zu den Männern« ein Lesebuch mit Auszügen aus Büchern verschiedener Autorinnen, herausgegeben von ANGELA PRAESENT. In einem Vorwort vertritt sie die Auffassung, daß in der aktuellen Frauenliteratur eine neue Richtung zu entdecken sei. Nach Perioden von Klagen, Forderungen nach sexueller Freiheit, Rückzug auf sich selbst und Lust an exotischen Expansionen scheinen Frauen wieder die Lust auf den Mann zu entdecken. Sie schreibt: »Nun also, in der zweiten Hälfte der achtziger Jahre, ein neues Leitmotiv: Rückkehr zu den Männern. Es ist, soviel steht fest, weder eine demütige noch eine reumütige Rückkehr, eher eine distanzierte, ironische, spielerische. ›Nun, da ich mich selbst als Person fühle‹ (so könnte man eine idealtypische Frau in dieser Phase der Gefühlsgeschichte sprechen lassen), ›wüßte ich ganz gern, was sich nebeneinander, miteinander bauen ließe, ob es sie womöglich doch gibt, die Bereicherung der Geschlechter aneinander, die ihr immer beschworen habt. Ich bin neugierig darauf und offen dafür, denn ich habe mich selbst umsehen können in der Welt und meine eigene Kraft erfahren; aber ich bin nicht aus Bedürftigkeit dazu bereit, und nicht um jeden Preis.‹«

Ich bezweifle sehr, daß mit dieser fiktiven Aussage – besonders dem letzten Satz – die Realität einer weiblichen Mehrheit beschrieben wird. Die Tatsache, daß in verschiedenen Ländern Minderheiten von mutigen Frauen, einzelne, kleinere oder größere Gruppen, den jeweiligen Lebensbedingungen Rechte und Freiräume abgerungen und ein selbstbestimmtes Leben erkämpft haben, ist ermutigend und bleibt erfreulich. Es wäre allerdings ein fataler Fehlschluß, daraus abzuleiten, die Befreiungsbewegung der Frauen sei inzwischen »Schnee von gestern«, so als ob bis auf ein paar Kleinigkeiten jetzt so ziemlich alles in Ordnung und die Basis dafür vorhanden wäre, daß zwischen den Geschlechtern alles *ganz anders* verlaufen könnte. So als ob die Liebe nach einer Metamorphose nur noch bezaubernd und keine »Falle« mehr wäre.

Noch sehe ich keinen Anlaß zur Beruhigung oder zu einer rosaroten Perspektive. Die bisherigen Veränderungen sind weder umfassend noch tief genug, um nicht (fast) jederzeit wieder durch eine restriktive Politik rückgängig gemacht werden zu können. Ich sehe keine entschlossene radikale Mehrheit »neuer Frauen«, geschweige denn »neuer Männer«. Auf beiden Seiten sind es immer noch exquisite Ausnahmeerscheinungen (wobei die Männer mit der Lupe zu suchen sind), im gesellschaftlichen Gesamtbild hat sich an den Strukturen der Geschlechterrollen wenig verändert.

Entgegen allen anderstönenden Verlautbarungen und Wünschen halte ich an der Sichtweise fest, daß die Voraussetzungen für gegenseitige Liebe *in* den Menschen, Frauen und Männern, und den Lebens- und Arbeitsbedingungen erst noch geschaffen werden müssen. Zwischen Ungleichen verkommt Liebe zum Herrschaftsinstrument, das Macht- und Ohnmachthaltungen weckt, stärkt und aufrechterhält.

In den Köpfen der Männer kann Liebe insofern zum Herrschaftsinstrument werden, weil ihnen als Nutznießer erlaubt ist, die Qualitäten weiblicher Liebe zu begutachten und zu bewerten. Aus einem Gefühl scheinbarer Unabhängigkeit und Überlegenheit verteilt er mit seinem Blick ihrer weiblichen Liebestätigkeit Zensuren und wägt ab, ob sie zu wenig liebt, zu viel, zu laut, zu leise, zu abhängig, zu unabhängig, ob sie verklemmt liebt oder zu unmoralisch, zu sehr oder zu wenig Mutter ist, zu nuttig oder zu heilig.

Nun, die weibliche Protagonistin in diesem Arrangement glaubt nun ihrerseits mit der Liebe ein Herrscherinnenpotential in den Händen zu halten (wie sehr es sie selbst beherrscht, scheint sie dabei häufig zu übersehen). Die Angewiesenheit des Mannes auf ihre Versorgung verleiht ihr ein Gefühl von Macht und Kompetenz, das sie nicht so ohne weiteres bereit ist aufzugeben oder zu teilen. Beide brauchen und mißbrauchen Liebe auf charakteristische Weise. (In dem Buch »Die politische Ökonomie der Liebe« von ANNE DRESCHER u. a. wird gründlich dokumentiert, wie im gesellschaftlichen Bereich Liebe als politisches Herrschaftsinstrument funktionalisiert wird.

Jede Art von Herrschaftsliebe schließt Risse und Lücken in lebens- und beziehungsfeindlichen Systemen, verklittert und stabilisiert unerträgliche (Seins-)Zustände.

Bei der Zusammenarbeit in dieser zerstörerischen Allianz empfinden sich Täter und Mittäterin, Macher und Mitmacherin als normale Männer und Frauen, die daran gewöhnt worden sind, die in der jeweiligen Geschlechterrolle innewohnenden Gehorsamsmuster zu übersehen. Diese werden meist erst dann sichtbar, wenn die starren Rollen aufgebrochen wurden und in den Beziehungen zueinander etwas in »freie Bewegung« gerät, neue Möglichkeiten des Umgangs entstehen, die keineswegs immer selbstverständlich gelebt werden können. Um dieses Phänomen zu illustrieren, daß am wohlbekannten Unglück mitunter heftiger festgehalten wird, als das neue, unbekannte Glück zu ergreifen, möchte ich ein paar Beispiele bringen.

»Ich merkte genau, daß es völlig absurd war, was da ablief«, berichtet Else, die Mutter des vierjährigen Felix, in der therapeutischen Frauengruppe. »Paul (der Vater des Jungen) und ich hatten gerade zwei Wochen vorher ein Gespräch, in dem ich ihm vorgeworfen habe, daß in bestimmten Versorgungsangelegenheiten die Arbeit doch an mir hängenbleibt, obwohl wir uns sonst in vielen Punkten die Verantwortung für Felix teilen. Ich habe Paul gefragt, ob er überhaupt imstande ist zu sehen, wann Felix was zum Anziehen braucht oder neue Schuhe. Ganz konkret ging es darum, daß der Junge neue Winterschuhe brauchte. So, und nun, ungefähr zwei Wochen später, stehen Vater und Sohn vor mir, und Felix hat tatsächlich neue Schuhe an. Meint ihr, ich hätte mich freuen können? Ich traue es mich kaum zu sagen, aber ich habe die Schuhe in die Hand genommen und nach einem Fehler gesucht, irgendeinem Fehler. Bis Paul dann gesagt hat: ›Sag mal, was läuft denn hier eigentlich ab? Wieso freust du dich nicht?‹ Da kapierte ich erst, und wir mußten beide lachen. Er hatte recht. Irgendwie paßte es mir nun doch nicht, daß er meinen Hinweis in die Tat umgesetzt hatte. In einem Zipfel meines Herzens wäre es mir lieber gewesen, daß ich die Schuhe gekauft hätte. Das ist doch hirnrissig. Natürlich hätte ich ihm dann wieder Vorwürfe machen können: Du machst nicht mit usw.«

Spontan bestätigen andere Mütter in der Gruppe diese Haltung, daß sie zwar über die fehlende Väterlichkeit der Männer klagen, aber doch häufig in große Unruhe geraten, wenn diese sich ernsthaft ans Werk, sprich Kind, machen und ihnen die Betreuung gut gelingt. Eine Lehrerin mit zwei Kindern sagt sofort: »Ich will das nicht aufgeben, dieses Gefühl, daß ich das wirklich besser kann als er. Es macht mich stark und selbstbewußt, daß ich das wirklich besser kann als er.« Eine andere Frau, berufstätige, alleinerziehende Mutter, erzählt im Zusammenhang mit der Frage, wie Frauen eigentlich auf eine fürsorgliche und beziehungsoffenere Haltung von Männern reagieren, folgendes: »Im letzten Urlaub ist mir was ziemlich Komisches passiert. Ich war zum ersten Mal mit Jens, meinem neuen Freund, verreist, und wir waren zelten. Ich muß dazu sagen, daß ich besonders in der letzten langjährigen Partnerschaft immer das Gefühl hatte, Männer könnten nicht fürsorglich sein; die nehmen sich zwar, was sie brauchen, und kriegen nie genug, aber geben selber wenig oder nichts. Das habe ich immer als mein Problem gesehen. Also, nun waren wir in dem Zelt, und es war so kalt, und als er merkte, daß mir so kalt war, hat er ganz selbstverständlich gesagt: ›Hör mal, du nimmst aber die Nacht meinen Schlafsack, sonst wird's für dich zu kalt.‹ Und nun stellt euch vor, ich habe ihn abgewehrt. Ich konnte das nicht annehmen. Natürlich war ich total gerührt. Nachts wurde ich dann tatsächlich frierend wach und habe genau gespürt, daß ich es nie übers Herz bringen würde, ihn zu wecken, damit er mir den Schlafsack gibt. Das Erlebnis hat mich sehr schockiert, weil mir zum ersten Mal richtig klar wurde, daß es mit an mir liegt, wenn ich vom Mann zu wenig bekomme.«

Offenbar bewirkt auch ein Zuwachs an Liebesfähigkeit auf seiten der Männer nicht so ohne weiteres, daß Frauen ihre verinnerlichte selbstverleugnende Haltung, die von einem moralischen Glorienschein umgeben ist, aufgeben können. Die »Erfüllung ihrer Wünsche« stellt sie vor neue, andere Schwierigkeiten, nämlich die Frage, woher sie ihre weibliche Identität beziehen sollen, wenn die Männer nicht nur lernen, sich selbst, sondern auch ihre Frauen zu versorgen. Noch ist diese Frage mehr utopisch, da die Mehrheit der Männer weiterhin ihre (scheinbare) Unfähigkeit im Beziehungsbereich pflegen und sich an der emotionalen Arbeitsteilung kaum etwas geändert hat. Der Ruf von Männern nach emanzipierten Frauen ist immer noch äußerst selten und bei näherer Betrachtung mit großer Vorsicht zu genießen. Mag sein, daß er Emanzipation so begreift, daß für ihn dann nur noch der Genuß übrigbleibt, weil sie alles allein kann, von ihm gar nichts mehr braucht; sie ist noch bequemer als die typisch unselbständige, finanziell abhängige Frau. Der durchschnittliche – was seine Liebes- und Beziehungsfähigkeit anbelangt – unerwachsene Mann kann nicht an einer emanzipierten Frau interessiert sein, an einer wirklichen Person, die mit Wünschen und Bedürfnissen, Stärken und Schwächen, Konflikten und Auseinandersetzungen selbstbewußt und wach umgeht. Vor einer Frau, die eigene Ziele hat und ihn nicht ständig in den Mittelpunkt ihres Lebens stellt, die in ihm ein menschlich gebildetes, erwachsenes Gegenüber spüren möchte, ergreift der »normale Mann« lieber die Flucht. Warum auch nicht, schließlich kann er sich damit trösten, daß es noch eine Vielzahl von Frauen gibt, die ihn gehorsam und bereitwillig »auf den Thron« steigen lassen.

Die ziemlich weit verbreitete Meinung, daß Gehorsamshaltungen »Kinderkram« sind, Probleme, die im Laufe der Entwicklung vom abhängigen Kind zum (angeblich) selbstbestimmenden Erwachsenen verschwinden, die wie eine zweite Haut einfach abgestreift werden können, ist ein grundlegender Irrtum.

Jede Erziehung oder Dressur zum »richtigen Mann und zur richtigen Frau« beruht auf enormen Anpassungsleistungen und Tributen von Gehorsam. Dies geschieht nicht nur dort, wo autoritäre Erziehungsmaximen praktiziert werden, sondern überall, wo Geschlechterstereotypen und Rollenklischees zum Leit- und Orientierungsfaden von Entwicklung werden. Trotzdem sind die diesbezüglichen Erfahrungen für Jungen und Mädchen wieder unterschiedlich. Während dem männlichen Kind sehr viel mehr zugebilligt wird, sich gegen Regeln aufzulehnen, Gebote zu übertreten und durch Aggressionen aufzufallen, werden diese Ausdrucksmöglichkeiten bei Mädchen frühzeitig unterbrochen oder gar nicht erst geduldet.

In einem Aufsatz von PETER BRÜCKNER mit dem Titel »Zur Pathologie des Gehorsams« stieß ich auf das Zitat eines spanischen Jesuiten aus dem 15. Jahrhundert. Aus diesem Traktat geht anschaulich hervor, daß die Gehorsamsanforderungen für Kinder beiderlei Geschlechts gleich klingen, aber nur so lange, wie sie als Kinder gelten. ST. BERNARDUS schreibt: »Erziehung beugt den Nacken, vertreibt den Stolz, regelt die Mienen, hält die Zunge im Zaum, verbannt übermäßiges Gelächter, beherrscht die Zunge, zügelt den Gaumen, beschwichtigt den Zorn und regelt den Gang.«

In dieser jesuitischen Anleitung zu einer »schwarzen Pädagogik« taucht der Begriff Kind nicht auf, weil klar ist, daß es für alle Kinder Gültigkeit hat. Nun, mit Eintritt in das Erwachsenenalter scheint es so zu sein, daß die Entfremdungsprozedur für Jungen aufhört und nur noch für Frauen weiterbesteht.

Es gibt eine erschreckende Übereinstimmung zwischen dem gesellschaftlichen »Bild der Frau in Partnerschaft, Ehe, Familie und Öffentlichkeit« und den Inhalten jener Erziehungsverordnung. Fast für jede Formulierung findet sich eine »typisch weibliche Haltung«. Vergegenwärtigen wir uns nur das für Frauen geltende Tabu, laut zu werden, aufzufallen. Der Anspruch an ihr Lächeln, an Freundlichkeit und angenehme Umgangsformen ist selbstverständlich. Ebenso, daß sie Wut und Empörung verschluckt, ihre Körperhaltung und Gesichtszüge kontrolliert und in einer Sprache spricht, die überwiegend aus Relativierungen, Bitten und *Vielleichts* besteht und mehr Fragen als Aussagen bereithält.

Den erwachsenen Mann finden wir in dieser Beschreibung nicht wieder. Er hat längst im Laufe seiner Mannwerdung kapiert, daß für ihn andere Regeln gelten, weil er zum dominierenden Geschlecht zählt. Es ist kein Zufall, daß die großen Psychologen alle die männliche Entwicklung als »menschliche Entwicklung« untersuchten und beschrieben. Die traditionelle Erziehung sieht für das weibliche Kind nicht vor, daß es zu einer erwachsenen, eigenen und verantwortlichen Person wird, also wird es auch in den gängigen Theorien unter Mann = Mensch subsumiert. In »Das andere Geschlecht« schreibt SIMONE DE

BEAUVOIR: »Die Frau möchte gern ein Kind bleiben und dabei eine Frau werden. Sie will beim Verlassen des Vaterhauses gerne einen Führer finden, aber sie will auch für voll genommen werden.«

Solange Frauen so erzogen werden, Anhängsel einer anderen Person zu sein, mag dieser Satz tatsächlich den Ist-Zustand weiblicher Entwicklung beschreiben, Ausdruck von Wunsch und Wahl ist dies ganz sicher nur sehr selten. Der Gehorsam gegenüber der weiblichen Rolle bewirkt, daß Frauen in ihrem Alltag gedanklich, emotional und handelnd damit beschäftigt sind, den Bedürfnissen anderer (Männer und Kinder) Raum zu schenken. Ich habe Hunderte von Gesprächen in Erinnerung, in denen mir Frauen mitteilten, wie sie ihre Zeit damit verbringen, an ihn und für ihn zu denken und zu fühlen, die Zeit entsprechend einzuteilen, seine Stimmungen oder Stellungnahmen vorwegzunehmen, gefährliche Reaktionsmöglichkeiten auszuschließen und herauszufinden, wann er in der Stimmung sein könnte, etwas »von ihr anzuhören«. Meine Arbeit in der Therapie besteht häufig zunächst daraus, aus diesen unproduktiven Kreisbewegungen herauszuhelfen und »Platz« für die Person der Frau zu schaffen.

Zweifellos wird auch vom erwachsenen Mann in dieser Gesellschaft Gehorsam verlangt. Bereits die Mannwerdung bestand darin, sich gehorsam verhärten zu lernen, sich zunächst einmal von der Mutter und dann von den eigenen lebendigen Empfindungen und Gefühlen abzutrennen. Zu begreifen, daß ein »richtiger Mann« sich ausschweigt, distanziert zu sein hat, kaltblütig (wie eine Kampfmaschine) voranschreitet, war ebenfalls Bestandteil seines Gehorsamstrainings.

Den Wahnsinn des männlichen Gehorsams konnten wir eindrucksvoll in der Zeit nach Tschernobyl erleben. Wie die Politiker da angstfrei in die Kameras grinsten, verseuchtes Gemüse in sich hineinstopften und beteuerten, daß alles gar nicht schlimm sei, wäre zum Schreien komisch gewesen, wenn...

Coolness und Angstfreiheit bis ins letzte Kamikaze-Unternehmen sind Bestandteile des männlichen Gehorsams. Seine diesbezüglichen Leistungen finden überwiegend im Rahmen von Hierarchien statt, im Umgang mit Vorgesetzten, in der Konkurrenzsituation, im Hinblick auf die berufliche Karriere und in bezug auf sein männliches Image.

Im Kontakt mit Frauen gelten andere Regeln für ihn. Ein Mann, der tagsüber fremden Anforderungen gehorchen mußte, findet abends, wenn er nach Hause kommt, fast immer noch eine Person vor, von der er nun seinerseits Gehorsam erwartet. Er ist darauf eingestellt, daß irgendeine *Sie* für ihn da sein wird, ihn für die beruflichen Anstrengungen entschädigt durch Bedienung, Lob, Trost, Unterhaltung, Zärtlichkeit und Sexualität. Und er trifft tatsächlich auf Frauen, deren Erziehung zur Liebesfähigkeit bewirkt hat, daß sie auf Knopfdruck das »Tu's ihm zuliebe« in allen möglichen Zusammenhängen abruft.

Ein anderer Unterschied im Zusammenhang mit Gehorsam von Frauen und Männern existiert in bezug auf körperliche Selbstbestimmung. Die Zuschriften der Frauen sind wieder einmal mehr ein Indiz dafür, wie stark die sexuelle und körperliche Fremdbestimmung in den Gefühlen und Köpfen von Frauen wurzelt. Wobei dieses Bewußtsein (oder die Ahnung), sich nicht wirklich selbst zu gehören, durch eine tägliche Gehirnwäsche aufrechterhalten wird. Sexistische Reklame und Pornoindustrie sorgen dafür, daß Frauen in Angst gehalten und nicht »zu übermütig« werden.

Leider nehmen Frauen der westlichen Zivilisation häufig an, daß sich ihre Lage grundsätzlich von der der Frauen in anderen Ländern unterscheidet. Aus Unwissenheit, Desinteresse oder Arroganz fühlen sie sich überlegen. Sie rümpfen allenfalls die Nase über die barbarische Tortur der Klitorisbeschneidung (in »Ödipus' Schwester« weist BENOÎTE GROULT darauf hin, daß diese noch in sehr vielen Ländern praktiziert wird; NAWAL EL SAADAWI bestätigt diese Aussage in »Tschador«) und sind davon überzeugt, daß diese »Rückständigkeit« bei uns undenkbar ist. Dabei bedarf es nur des genauen Hinsehens und keiner Phantasie, um überall zu entdecken, daß auch bei uns die weibliche Sexualität als Bedrohung erlebt wird, die unbedingt von Männern kontrolliert werden muß.

Diskussionen über Empfängnisverhütung und besonders um den Paragraphen 218 beweisen unzweideutig, daß Frauen immer noch nicht das Recht auf selbstbestimmte Sexualität und Schwangerschaft zugestanden wird. Existiert ein einziger Paragraph in unseren Gesetzesbüchern, der sich in gleicher entmündigender Weise mit dem Körper des Mannes beschäftigt? Ihn zum Objekt macht? Über seine Verwendbarkeit und Verfügbarkeit Anordnungen trifft? (Vielleicht am ehesten der Zwang, seinen Körper dem Militär zur Killerausbildung zu überlassen?) Es bleibt eine unannehmbare, groteske Ungeheuerlichkeit, daß Männer, die sich meist weit von jedem echten Kontakt zum Lebendigen entfernt haben, es überhaupt wagen dürfen, den Mund darüber aufzumachen, wie Frauen mit ihrem Körper umzugehen haben. In dem Verlauf der bisherigen Menschheitsgeschichte haben die männlichen »Tötungsexperten« noch in keiner Weise überzeugende Beispiele dafür geliefert, daß sie fühlen und wissen, wovon sie sprechen, wenn sie die Worte Leben und Kind in den Mund nehmen. Sie haben gelernt, mit Zahlen zu spielen und Menschenmaterial einzusetzen. Ob ihrer Inkompetenz müssen sie schweigen!

Alle derzeitigen »Bemühungen« laufen darauf hinaus, daß Kirche und Staat eng zusammenarbeiten, um den weiblichen Körper wieder unter Kontrolle zu bringen und die körperliche Selbstbestimmung von Frauen zu behindern. Viele Frauen wiegen sich in einem trügerischen Gefühl von Sicherheit, wenn sie davon ausgehen, daß die von der Frauenbewegung erkämpften Rechte unwiderrufbar sind. Diese »Errungenschaften« haben weder in den Köpfen der (männlichen) Menschen noch in Gesetzestexten und Verordnungen langjährige Tradition. Das Gegenteil ist der Fall. Jede Frau sollte wissen, daß das mühsam eroberte Terrain keineswegs gesichert, sondern ständig bedroht ist.

Im SPIEGEL vom 29. Juli 1987 stand in einem Artikel zum Thema »Bonn plant ein Gesetz gegen Vergewaltigung in der Ehe« folgendes Zitat: »Bis zur Jahrhundertwende war es dem deutschen Mann erlaubt, seine Frau körperlich zu züchtigen.« Noch 1966 lautet eine Aussage des Bundesgerichtshofes: »Die

Frau genügt ihren ehelichen Pflichten nicht schon damit, daß sie die Beiwohnung teilnahmslos geschehen läßt. Wenn es ihr infolge ihrer Veranlagung oder anderen Gründen, zu denen die Unwissenheit der Eheleute gehören kann, versagt bleibt, im ehelichen Verkehr Befriedigung zu finden, so fordert die Ehe doch eine Gewährung ehelicher Zuneigung und Opferbereitschaft und verbietet es, Gleichgültigkeit oder Widerwillen zur Schau zu tragen.« 1966! Entspricht das nicht in frappanter Weise dem Text aus dem 15. Jahrhundert? Für mich sind in diesen Aussagen qualitative Unterschiede nicht enthalten. Sie beziehen sich beide auf Gehorsamsleistungen, die Frauen Männern gegenüber zu erbringen haben und die deswegen nicht dem Zufall von Liebe überlassen werden dürfen, sondern in Gesetzen juristisch festgeschrieben werden müssen, die Männer zu ihrem Vorteil gemacht haben.

Laut einer ALLENSBACH-Untersuchung hat sich etwa jede fünfte verheiratete Frau schon einmal dem ehelichen Verkehr widersetzt und wurde vom eigenen Mann dazu gezwungen. Ein STERN-Artikel mit dem Titel »Bist du nicht willig, so brauch' ich Gewalt« nennt Zahlen aus dem Jahr 1986, demnach sind 24 000 Frauen mit 50 000 Kindern in Frauenhäuser geflohen, um dort Schutz zu suchen. Männer, die befragt werden, was sie eigentlich dazu bringt, ihre Frauen so zuzurichten, antworten, daß sie dominieren wollen und im Zeitalter der Emanzipation das nur noch mit Einsatz von Körperkraft schaffen. (Der Gedanke, an ihrer Liebesunfähigkeit etwas zu verändern, kommt ihnen bezeichnenderweise nicht.)

In dem weiter oben erwähnten SPIEGEL-Artikel wird eine Frau zitiert: »Weil mein Mann den Verdacht hatte, ich würde es auch noch mit anderen treiben, mußte ich abends vor dem Fernseher die Unterhose ausziehen und sie ihm zeigen. ›Ich bin der Herr dein Gott‹, hat er dann gesagt, und als seine Schweinereien immer perverser wurden, er hat mir in den Unterleib reingepinkelt, was fürchterlich weh tat, bin ich einfach weggelaufen.«

Ich bin sicher, daß es Leserinnen und Leser gibt, die ein solches Zitat für geschmacklos halten. Was hat denn das mit Liebe zu tun? Im Grunde wollen wir solche Aussagen, solche Hilfeschreie nicht zur Kenntnis nehmen. Sie verderben unsere romantisch verklärten Vorstellungen, lassen Zweifel an den süßen Bildern in unseren Köpfen aufkommen. Uns packt Entsetzen, Ekel und Grauen, und wir möchten brennend gerne, daß solche Horrornachrichten »doch bloß die Ausnahme«, eben Ausrutscher sind. So etwas liest man/frau in der Zeitung, sieht es im Film, verfolgt in den Medien Prozesse, in denen über Beziehungen verhandelt wird, wo es auf »Liebe und Tod« zuging, aber die eigene Liebesunternehmung muß von diesen Ausnahmen verschont bleiben. Diese Art der Realitätsverlegung und Nichtwahrnehmmung ist nicht nur ein bloßer Abwehrmechanismus, sondern eine Tat, die dazu beiträgt, daß sich nichts ändert.

Der notwendige Ungehorsam beginnt mit Akten der Erkenntnis, mit Enttäuschungen. Über die verheerenden Auswirkungen des Nicht-merken-Dürfens im Prozeß der Erziehung hat ALICE MILLER in ihrem Buch »Du sollst nicht merken« geschrieben. Sie hat dargelegt, wie hilflos manipulierbar Menschen Wiederholungsritualen ausgesetzt sind, deren Gefühle und Wahrnehmung als Kinder nicht ernst genommen, ausgeredet wurden. Gehorsamsbereitschaft und nichts zu merken gehören zusammen. ERICH FROMM hat in einem Essay »über den revolutionären Charakter« zu dieser Frage geschrieben: »Ungehorsam ist ein dialektischer Begriff; denn jeder Akt des Ungehorsams ist ein Akt des Gehorsams, und jeder Akt des Gehorsams ist ein Akt des Ungehorsams. Was will ich damit sagen? Jeder Akt des Gehorsams, soweit es sich nicht um leere Widerspenstigkeit handelt, ist Gehorsam gegenüber einem anderen Prinzip... Aber wenn ich gehorche, bin ich stets auch gegenüber etwas anderem ungehorsam. In Wirklichkeit ist es also nicht eine Frage des Ungehorsams oder des Gehorsams, sondern des Ungehorsams gegenüber was und wem.«

In der Fähigkeit, »Nein« zu sagen, drückt sich ein Akt von Freiheit aus. Fromm weist auf Beispiele aus der hebräischen und griechischen Mythologie hin. Auch die Geschichte von Adam und Eva ist eine Geschichte des Ungehorsams, die mit der Vertreibung aus dem Paradies endet. Erkenntnis kommt demnach nur durch Übertretung von Geboten und Verboten zustande. Was bedeutet dies nun im Zusammenhang mit der Frage der Entmachtung von Liebe?

Welche Art von Ungehorsam tut not, um wirkliche Veränderungen in Gang zu setzen? Die Beantwortung der Frage ist unendlich schwierig und zugleich auf eine bestimmte Weise ganz einfach. Der erforderliche Ungehorsam, das »Nein«, die Verweigerung, hat einer Erziehung zu gelten, die die alten Muster von Weiblichkeit und Männlichkeit produziert, er hat sich auf die tiefverwurzelte Arbeitsteilung zu beziehen, die ein Geschlecht zu potentiellen Müttern, aber das andere nicht zu wirklichen Vätern macht.

Dabei geht es längst nicht mehr um einen modischen Trend, den man je nach Bedarf mitmachen oder ablehnen kann. Die radikale Neuorientierung bezüglich der geschlechtlichen Identität ist zur Lebens- und Überlebensfrage geworden. Es geht um einen Eingriff in die scheinbar »natürliche« historische Entwicklung, daß die Kinder zu den Frauen gehören und Waffen zu den Männern. In dem Buch »Auge um Auge« schreibt Simone de Beauvoir: »Der Mensch ist weder ein Stein noch eine Pflanze, und er kann sich nicht seelenruhig durch seine bloße Anwesenheit auf der Welt rechtfertigen. Der Mensch ist nur dadurch ein Mensch, daß er sich weigert, passiv zu bleiben... Existieren heißt für den Menschen, die Existenz neu zu schaffen.«

Nicht einmal unsere bloße Anwesenheit auf dieser Erde ist noch gesichert. Und trotzdem geht es um das »Hier und Jetzt«, um das Nichtvertragen oder Aufschieben von Lebensmöglichkeiten, die immer auch Veränderung beinhalten können. Auf bessere Zeiten, auf andere Menschen, auf andere Frauen oder Männer warten zu wollen ist müßig.

Anders als beim Gehorsam gibt es beim Ungehorsam keine Rezepte, wie ein Weg auszusehen hat und welcher Schritt ansteht. Die hier aufgezeigten Möglichkeiten, den Ungehorsam im Umgang mit der eigenen Geschlechterrolle und in der Beziehung zum/zur anderen zu üben, sind Ausdruck persönlicher Versuche und solcher, die ich in der therapeutischen Arbeit mit Frauen und Männern miterlebe. Es können nur

Anregungen sein, vielleicht Denk- oder Gefühlsanstöße für die eigene Situation.

Denn es gibt keine fremden Autoritäten für die eigene Lebensgestaltung, weder Psychologen noch Pädagogen oder sonstige Experten/innen. Auch Therapeuten/innen können nicht die Last der Verantwortung für das Leben abnehmen. Sie haben in der Regel mit der persönlichen Lebensbewältigung vollauf zu tun und können, wenn sie keine Gurus oder Scharlatane sind, im guten Falle hilfreiche Begleitung und Unterstützung auf einem Weg sein, den zu suchen sinnvolle Aufgabe menschlichen Lebens ist.

Bei der Frage, welche Akte des Ungehorsams Frauen helfen können, aus der »typischen Rolle« zu fallen oder auszubrechen, kann ich aus eigener Erfahrung sagen, daß es nicht in erster Linie sensationelle oder spektakuläre Ereignisse oder Schritte sind, die innere und äußere Haltungsänderungen bewirken. Es ist die tägliche mühsame Kleinarbeit, besonders in scheinbar banalen Situationen das *andere* zu riskieren. Ein Gedanke von Simone de Beauvoir ist in diesem Zusammenhang wertvolle Orientierungshilfe: »Der Mensch muß also die Hoffnung verlieren, sich in seine innere Reinheit zurückzuziehen oder aber im fremden Objekt aufgehen zu können...« Für mich habe ich diesen Gedanken so übersetzt: »Die *Frau* muß also die Hoffnung verlieren, sich in ihre innere Reinheit zurückziehen oder aber im fremden Objekt (sprich: im Mann) aufgehen zu können.«

Im Grunde enthält diese fast programmatische Aussage schon alles Wesentliche, denn Ungehorsam, der nicht auf die Entwöhnung vom Mann, von männlichen Prinzipien und Werten, von seinem Blick und dem Erfülltsein durch ihn hinzielt, ist halbherzig.

Der Verzicht auf »liebgewordene Gewohnheiten«, bei denen frau sich »richtig weiblich« fühlen kann, ist in der Tat nicht ganz einfach. Eine Journalistin brachte einen wichtigen Aspekt dieser Schwierigkeit in einer Therapiesitzung treffend auf den Punkt. Sie hatte ihren Freund in einer beruflichen Sache über längere Zeit sehr intensiv und kreativ unterstützt und stellte nun, als sie selbst hilfsbedürftig war, fest, daß er diese Unterstützung ihr

183

nicht zur Verfügung stellte, weil angeblich für ihn andere Aufgaben dringlicher waren. Wütend und traurig zugleich sagte sie: »Jedes Mal, wenn so etwas wieder pasiert, nehme ich mir fest vor, ihm beim nächsten Mal auch nicht mehr zu helfen. Aber ich kann es einfach nicht. Ich kann es nicht lassen. Und mir ist klargeworden, daß es dabei gar nicht nur um ihn geht. Es fehlt mir dann selber etwas, von mir persönlich. Das sind doch Fähigkeiten, die ich in einer Beziehung leben möchte. Wenn ich ihm nicht helfe, schneide ich mir selber etwas ab.«

Es lohnt zu üben, die eigene Kraft und Aufmerksamkeit nicht blindlings und zwanghaft in die Vervollkommnung von »Liebenswürdigkeit« zu lenken. Vorhandene Fähigkeiten für sich selbst einsetzen zu lernen macht große Freude. Selbsthilfe ist nicht weniger sinnvoll oder wertvoll als die Bereitschaft, für ihn oder für andere hilfreich zu sein. Beide Aspekte gehören zusammen und können einander befruchten, wenn die Wahlmöglichkeit besteht und nicht die Festlegung auf eine einseitige Haltung.

Im Ungehorsam steckt etwas Trennendes. Wir haben gehört, daß die Weiblichkeitspädagogik Frauen dahingehend erzieht, daß sie für die Herstellung und Aufrechterhaltung von Verbundenheit zu sorgen haben. Zuwiderhandlungen in dieser Hinsicht sind besonders angstbesetzt.

Mitunter spreche ich in den Therapiegesprächen mit Frauen in konkreten Zusammenhängen von der Notwendigkeit, sich trennen zu lernen. Ich werde selten ohne nähere Erklärung verstanden, weil die Betreffenden zunächst denken, daß ich ihnen damit empfehle, sich von ihrem Mann zu trennen. (Selbstverständlich unterstütze ich Frauen dabei zu gehen, wenn nach einer Weile feststeht, daß der männliche Partner nicht bereit ist, seinen Möglichkeiten entsprechend Fürsorge und Verantwortung in der Beziehungsgestaltung zu übernehmen, oder sogar die Entwicklung seiner Partnerin sabotiert. Alles andere wäre Ausdruck von Gehorsam und Verschwendung kostbarer Lebenszeit. Für den Mann gilt im Grunde das gleiche, nur daß es tatsächlich sehr viel seltener vorkommt, daß er der liebesfähigere und kooperativere Teil in einer Beziehung ist. Aber auch er sollte gehen, wenn die Frau ihn dazu benutzt, sich eigene, angstvolle Entwicklung zu ersparen.)

Meist ist dieser große, endgültige Trennungsschritt nicht gemeint, wenn ich das Thema anspreche. In meiner eigenen Entwicklung habe ich lernen können, daß es viele kleine Alltagssituationen zwischen Frauen und Männern gibt, in denen es unbedingt notwendig ist, nicht an dem Gebot der Verbundenheit festzuhalten, sondern loszulassen und sich absichtlich trennend zu verhalten, um auf einen Mißstand oder Konflikt aufmerksam zu machen, oder ganz einfach, um sich zu wehren.

Zum Beispiel kommt es sehr häufig im Gespräch oder Zusammensein vor, daß Frauen enorm bemüht sind, eine angenehme Atmosphäre herzustellen, und dann erleben müssen, daß das männliche Gegenüber völlig unachtsam durch irgendein Gebaren, gleichgültige oder aggressive Bemerkungen, Muffelei oder demonstratives Schweigen dieses unsichtbare Gespinst von Liebesarbeit kaputtmacht. Sie signalisieren auf mannigfache Weise, daß ihnen die Sorge um ein gutes Klima, in dem man/frau sich beheimaten kann, entweder fremd oder egal ist. Ihnen wird der Störungs- und Zerstörungsakt fast nie bewußt, es sei denn, daß die Frau dies klar und unzweideutig zur Sprache bringt und, falls der Mann nicht bereit ist, sich achtsam einzustellen, sich vorläufig aus dem Gespräch und aus der Beziehung verabschiedet. Sie kann innerlich und/oder äußerlich weggehen, anstatt stillzuhalten oder gar glättend, beschwichtigend, um Harmonie bemüht weiterzulieben bzw. zu arbeiten.

Während dieser »unliebenswürdigen«, klärenden und fordernden Haltungen treten Frauen aus dem Nebel der Verschleierung heraus und gewinnen allmählich eigene Konturen. Im Prozeß der Entwöhnung von der »Droge der Anerkennung durch den männlichen Blick« werden die durch Liebes- und Beziehungsarbeit überfüllten Innenräume von Frauen leerer, so daß Platz für Eigenes entsteht. Kann sein, daß dabei zunächst ein Gefühl des Unbehagens oder der Angst entsteht, weil Frauen mit sich allein mitunter das Gefühl haben, daß da niemand ist, geschweige denn klare eigene Ziele oder Projekte. Diese Angst bewußt durchzuleben ist sehr stärkend. Kompetenz in Liebesarbeit sollte nicht zum Alibi dafür werden, daß andere mögliche Qualitäten und Kompetenzen nicht ausgebildet werden. Weltaneignung beinhaltet nicht zwangsläufig, die überwiegend männlich geprägte Welt aufzunehmen. Schriftstellerinnen, Wissenschaftlerinnen und Künstlerinnen haben inzwischen Teile eines verborgenen Schatzes gehoben, indem sie die Geschichte nach den »Spuren der Frauen« befragten und ausforschten. Diese überwältigend faszinierende Welt gilt es zu entdecken und anzueignen.

Die Tatsache, daß sehr viele Frauen nicht an feministischer Literatur interessiert sind, sondern lieber Frauenzeitschriften in die Hand nehmen, macht durchaus deutlich, daß sie die Möglichkeit haben zu wählen. Sie tragen Verantwortung dafür, was sie zur Kenntnis nehmen wollen und was nicht. Als ich an einem Montag vormittag so gegen 9 Uhr in einem Verbrauchermarkt Kartoffeln einkaufte und vor der Kasse wartete, fiel mein Blick auf einen Einkaufswagen neben mir, der von sogenannten Softpornos überquoll. Ich schaute einer mit gespreizten Knien dasitzenden, dümmlich lächelnden Frau unmittelbar in die Möse.

Es waren überwiegend Frauen anwesend, die erschreckt oder peinlich berührt zusammenfuhren, als ich aus der Rolle der netten, unauffälligen Kundin fiel und laut (fast brüllend) nach dem Geschäftsführer rief und darüber schimpfte, daß es eine unverschämte Zumutung sei, daß ich während eines Einkaufs auf diese Weise belästigt und angemacht werde.

Der Geschäftsführer war nicht da, aber die für die Zeitschriftenabteilung zuständige Frau, die über meinen Ton irritiert meinte: »Das sollte sowieso gleich weggeräumt werden.« Auf meine Frage, ob sie von dieser »Arsch- und Tittenschau« gar nicht berührt sei, schaute sie mich nur mit großen, hilflosen Augen an. Andere, ältere Kundinnen tuschelten schon, daß ich wohl nicht mit guter Laune aufgestanden sei usw.

Ich erlebte dies alles in dem Bewußtsein, daß ich vor einigen Jahren vielleicht den Kopf weggedreht und einfach gegangen wäre. Ich habe mir lange die Kränkung erspart, daß ich und andere Frauen in den Augen vieler Männer nichts weiter bin als ein mehr oder weniger hübsches Stück Fleisch. Heute bin ich nicht mehr bereit, wegzusehen oder zu übersehen, und stelle trotz meiner Fortschritte in diesem Lernprozeß immer wieder fest, daß ich zu gut erzogen bin. Das heißt, daß mir (wie vielen anderen Frauen) in manchen Situationen von Übergriff und Unverschämtheit ein Repertoire von Reaktionsmöglichkeiten einfach (noch) fehlt.

Vor ein paar Tagen berichtete mir eine Frau in ihrer Einzelstunde, daß sie in der vollbesetzten U-Bahn von einem Mann in den Hintern gekniffen wurde. Sie hatte ihm eine geklebt mit der Bemerkung: »Das machst du nicht noch einmal!« In der fahrenden Bahn reagierte niemand, aber beim Aussteigen wurde sie von Frauen angesprochen, die sich bei ihr bedankten, weil sie es toll gefunden hatten, daß sich die Betreffende gewehrt hat. Ein Anliegen feministischer Therapie sehe ich darin, daß Frauen (und Männer) lernen, aus ihrer traditionellen Rolle zu fallen. Es bedarf nur ein bißchen wacher Aufmerksamkeit, um ein ungeheures Spektrum von Übungsmöglichkeiten zu entdecken.

Im Zusammenhang mit dem Thema Liebe und Ungehorsam ist »Mutterschaft« ein besonders heikler Aufgabenbereich. Nach Tschernobyl appellierten Frauen in Aktionsgruppen, Artikeln und Büchern an andere Frauen, in den Gebärstreik zu treten. Einige werden bei dieser Entscheidung geblieben sein, aber es war von Anfang an klar, daß für eine solche Aktion keine weibliche Mehrheit zu finden ist. Leider!

Ich frage mich, wie viele Kinder noch geboren würden, wenn Frauen nur mit liebesfähigen Männern und damit potentiellen Vätern zum Kinderkriegen bereit wären. Es ist unvorstellbar lange her, daß die Natur die Frauen zum einseitigen »Muttern« verpflichtete und damit ihre Laufbahn als Liebesexpertin begann. Dieser ehemals »natürliche Zustand« ist es längst nicht mehr. Und so ist auch die Lösung des Dilemmas zwischen den Geschlechtern nicht in einer »neuen Mütterlichkeit« zu suchen, die mit neuem Gedeck »die alte Speise« der Mutter-Kind-Symbiose auftischt.

Wenn es nicht gelingt, daß sich eine Mehrheit von Frauen andere wesentliche Quellen von Identität erschließt und bereit ist, ihrer natürlichen Bestimmung den Gehorsam zu verweigern, werden Männer nie mit der Notwendigkeit konfrontiert, sich ihre menschliche Entwicklung zurückzuerobern. Ob es den Frauen nun paßt oder nicht, ohne ihren Ungehorsam wird es den der Männer ebenfalls nicht geben, schon gar nicht eine Männerbewegung, die sich mit den Anliegen der Frauen verbündet.

CHARLOTTE BEREND-CORINTH, Malerin und Frau von Lovis Corinth, schrieb am 22. April 1927 in ihr Tagebuch: »Ich behaupte sogar, daß große Leistungen von einem Mann nur ausgeführt werden, wenn eine Frau neben ihm steht... eher noch hinter ihm mag sie verbleiben. Er aber weiß, daß er, wann immer er den Kopf zur Seite oder ein wenig nach rückwärts wendet, in die Augen der Frau sieht... Ich behaupte ferner, daß auch eine Frau mehr Leistungen von Wert hervorbringen würde, wenn ein Mann so neben ihr stünde, aber – er möge mir verzeihen – dafür ist der Mann noch nicht reif! Tatsächlich, es gibt nur eine Entwicklung beim Manne, auf die zu hoffen wäre« (aus: Autobiographische Texte von Künstlerinnen des 18. bis 20. Jahrhunderts, von RENATE BERGER unter dem Titel »Und ich sehe nichts als die Malerei« herausgegeben).

Als Charlotte Berend diese Zeilen schrieb, war ihr Mann Lovis Corinth schon eine Weile tot. »Ihm zuliebe« hatte sie ihr eigenes künstlerisches Werk hintangestellt.

Das Buch eines männlichen Autors trägt den Titel »Die Liebe ist ein Kind der Freiheit«. Ein schöner Satz, der weite Gefühle weckt und Hoffnungen beflügelt. Aber ist er nicht nur ein wunderschöner Gedanke, der an der Liebesrealität der meisten weiblichen und männlichen Menschen vorbeigeht, da die einen sich zur Liebe verpflichtet und die anderen dazu unfähig fühlen?

Ich mußte die Arbeit am letzten Kapitel unterbrechen. Sonntag abend erhielt ich die Nachricht, daß meine Mutter mit einem Schlaganfall ins Krankenhaus eingeliefert wurde. Ich nahm die Nachricht wie betäubt auf, ungläubig, weil wir am Tag zuvor noch lebhaft miteinander telefoniert und über die Osterreise gesprochen hatten, auf die wir uns so sehr gefreut haben. Vor meiner Reise nach Westdeutschland erinnerte ich Wilfried an das Vorwort, um das ich ihn gebeten hatte. Als ich etwa eine Woche später, nun schon etwas zuversichtlicher, vom Krankenbett meiner Mutter nach Berlin zurückkehre, liegen neben einem wunderschönen Strauß von Blumen etliche getippte Seiten. Noch im Mantel setze ich mich hin und lese. Anstelle eines Vorworts hat Wilfried mir einen langen Brief geschrieben. Der Einfall gefällt mir auf Anhieb. Ich bin sehr berührt, als ich feststelle, daß er nach der Lektüre des Manuskripts meine alten »Notbriefe« erneut gelesen hat und sich auf sie bezieht.

Gleichzeitig verwundere ich mich ein bißchen über das Geschriebene. Diese eindeutigen Aussagen, Anklagen und Vorwürfe stammen wirklich von mir? Ich bin das, die einmal ohne Schnörkel geschrieben hat, daß sie sich nicht geliebt fühlte? All diese Auszüge aus den Briefen vergegenwärtigen mir noch einmal, wie hart zeitweise das Ringen um Verständigung zwischen uns war. Es hat sich soviel verändert, daß ich es schon fast wieder vergessen hatte. Typisch. Ich stimme keineswegs in jedem Punkt, den Wilfried erwähnt, mit ihm überein. Wieso auch? Darüber, daß er Trauer und eine Art Lähmung beim Lesen empfunden hat, bin ich froh. Zeigt es mir doch, daß er verstanden hat. Ja, das Resultat dieses Buches ist kein Grund zur Freude. Auch ich habe während der Arbeit daran mit Trauer und Lähmung zu kämpfen gehabt. Aber ich habe in dieser Zeit auch eine wunderbare Erfahrung gemacht. Zum ersten Mal in meinem erwachsenen Leben konnte ich bewußt meine ganze Kraft ungeteilt für mich und mein eigenes Anliegen einsetzen. Damit hat Wilfried mir das schönste Geschenk gemacht, denn ich habe gespürt, daß es ihm mit meiner Abwesenheit nicht immer glänzend ging. Es tat mir gut, zu sehen, daß er für sich selbst sorgte.

Über ein Thema, scheint mir, müssen wir intensiv weiterspre-chen. Er schreibt, daß er sich mitunter mehr Distanz wünscht, und drückt die Befürchtung aus, daß meine Nähewünsche ihn dabei behindern. Wieso? Ich brauche auch immer wieder Entfer-nung, sogar Alleinsein dringend. Aber selbstverständlich kann ich besser gehen, wenn ich weiß, da ist jemand, wenn ich zurückkehre.

In einem anderen wichtigen Punkt teile ich seine Sichtweise. Es stimmt, daß manches, was ich scheinbar »ihm zuliebe« tat, im Grunde mindestens genausoviel mir und meiner eigenen Sicher-heit galt. Andererseits frage ich mich, ob wir noch ein Paar wären, wenn ich besonders in den ersten Jahren der Beziehung, bei jedem größeren Distanzmanöver von seiner Seite, ebenfalls radikal losgelassen hätte. Wäre Wilfried mir nachgegangen? Hätte er mich zurückgeholt? Damals fehlte mir der Mut zu diesem Risiko. Mich plagte wie viele Frauen die Furcht, aus-wechselbar zu sein, beliebig ersetzbar.

Wenn er mich heute fragen würde, ob ich mich von ihm geliebt fühle, könnte ich mit einem uneingeschränkten, freudigen »Ja« antworten. Ich weiß, daß es keine Garantie für die Zukunft gibt, und vielleicht schreibe ich ihm auch wieder einmal einen »Not-brief«; aber jetzt, in diesem kostbaren Augenblick, fühle ich seine Liebe viel intensiver als in unserer Verliebtheitsphase, als wir uns noch gar nicht wirklich kannten und nicht wußten, auf welches wechselhafte Abenteuer wir uns eingelassen hatten.

Literatur

Aus den nachfolgend aufgeführten Titeln wurde in diesem Buch entweder wörtlich zitiert, oder die Lektüre war mir in anderer Weise bei der Arbeit hilfreich.

GORDON W. ALLPORT, Werden der Persönlichkeit, München 1974.

JEAN BAKER MILLER, Die Stärke weiblicher Schwäche, Frankfurt 1980.

SIMONE DE BEAUVOIR, Das andere Geschlecht, Reinbek 1968.

DIES., Der Lauf der Dinge, Reinbek 1970.

DIES., Auge um Auge, Reinbek 1970.

RUTH BERLAU, Brechts Lai-Tu, Darmstadt 1985.

MARGRIT BRÜCKNER, Die Liebe der Frauen, Frankfurt 1983.

PETER BRÜCKNER, Zerstörung des Gehorsams, Berlin 1983.

NANCY CHODOROW, Das Erbe der Mütter, München 1985.

DOROTHY DINNERSTEIN, Das Arrangement der Geschlechter, Stuttgart 1979.

DIETER DUHM, Angst im Kapitalismus, München ^{16}1984.

COLETTE DOWLING, Der Cinderella-Komplex, Frankfurt 1982.

ANNE DRESCHER U. A., Die politische Ökonomie der Liebe, Frankfurt 1986.

LUISE EICHENBAUM UND SUSIE ORBACH, Feministische Psychotherapie, München 1984.

CAROL GILLIGAN, Die andere Stimme, München 1984.

BENOÎTE GROULT, Ödipus' Schwester, München 1985.

CAROLA HANSSON UND KARIN LIDEN, Unerlaubte Gespräche mit Moskauer Frauen, München 1983.

IRMGARD HÜLSEMANN, Berührungen, Darmstadt 1984.

THEODOR KALLIFATIDES, Sehnen nach Sehnsucht, Hamburg 1986.

BERNICE KERT, Die Frauen Hemingways, Berlin 1987.

GÖNDI LIEBERMANN, Spannungen, Düsseldorf 1985.

KATHERINE MANSFIELD, Das Leben sollte sein wie ein stetiges, sichtbares Licht, Frankfurt 1983.

NANCY MILFORD, Zelda, München 1980.

ALICE MILLER, Du sollst nicht merken, Frankfurt 1981.

ARTHUR MILLER, Zeitkurven, Frankfurt 1987.

CHRISTIANE OLIVIER, Jokastes Kinder, Düsseldorf 1987.

SYLVIA PLATH, Briefe nach Hause, Berlin 1981.

ROWOHLT LESEBUCH, Rückkehr zu den Männern, Reinbek 1987.

NAWAL EL SAADAWI, Tschador, Bremen 1980.

VITA SACKVILLE-WEST, Eine Frau von vierzig Jahren, Berlin 1986.

CHRISTINA THÜRMER-ROHR, Vagabundinnen, Berlin 1987.

SENTA TRÖMEL PLÖTZ, Frauensprache, Frankfurt 1982.

WILFRIED WIECK, Männer lassen lieben, Stuttgart 1987.

FRANÇOISE XENAKIS, Frau Freud ist wieder mal vergessen worden, München 1986.